阿根廷 智利 旅行 Let

阿根廷位于南美洲南部，这里拥有众多风景秀美、气候宜人的城市，还保留着很多西班牙和意大利风格的古典建筑，此外，这里还蕴藏了丰富的宝藏，来到这里，你一定会体验到一次不一样的精神文化之旅。

智利位于南美洲西南部，它与阿根廷紧紧相邻。这里河流环绕，山川绵延，有令人震撼的火地岛，还有神秘无限的复活节岛，它就像是一个位于世界边缘的“天涯之国”，让你看到一个又一个的自然奇迹。

中文名：阿根廷、智利

英文名：Argentina、Chile

位置：南美洲

国家代码：ARG（阿根廷）、CHL（智利）

国际域名缩写：AR（阿根廷）、CL（智利）

国际电话区号：+54（阿根廷）、+56（智利）

首都：布宜诺斯艾利斯（阿根廷）、圣地亚哥（智利）

时区：UTC－3（阿根廷）、UTC-4（智利）

官方语言：西班牙语

主要景点：阿根廷：5月广场、玫瑰宫、科隆剧院、圣马丁公园、乌马瓦拉峡谷、伊瓜苏瀑布；智利：圣地亚哥大教堂、圣地亚哥武器广场、复活节岛、伊基克港、月之谷、火地岛

最佳旅行时间

阿根廷拥有各式各样的景点，由于它的地理位置特别、气候变化比较大，所以不论你在什么时间来旅行都能看到美丽的景色。每年12月至次年3月是这里的夏季，这个时间来到这里会看到非常漂亮的海滩风光。

智利的最佳旅游季节是每年的11月至次年3月，这个时间段是复活节岛最美丽的时候。因为靠近海岸，所以这里的气温不会太高，不过紫外线比较强烈，建议游客外出时一定要备好防晒用品。

选择阿根廷 智利的N个理由？

理由1：感受精彩绝伦的自然风光

说起阿根廷和智利，你绝对忘不了伊瓜苏瀑布的壮观，忘不了乌马瓦拉峡谷的变化万千，更忘不了复活节岛的神秘石像，它们以最真实的姿态向我们呈现了一个又一个的自然奇观，不论你是选择去阿根廷还是智利旅行，都能感受到令人震撼的自然风光。

理由2：古建筑的诱惑

在阿根廷，古典建筑是其文化元素中不可或缺的一部分，不管是首都布宜诺斯艾利斯还是其他一些城市，都或多或少林立着一些具有不同风格的古典建筑，在这里，你可以看到外形奇特的玫瑰宫、绿树成荫的圣马丁公园、馆藏丰富的乌里武鲁总统博物馆……这里的古典魅力丰富多样，只有深入了解，才能看到它们最不为人知的一面。

理由3：令人惊叹的峡谷风光

阿根廷是一个拥有着众多美景的国家，其中最让人难以忘怀的还要数乌马瓦拉峡谷，这里不仅拥有众多的历史遗迹，还拥有一座非常漂亮的“七彩山”，阳光照耀下，这座“七彩山”在峡谷内投射出一道又一道的影子，那泛着光芒的景象深深印在人们心间。

理由4：魅力港口

智利是一个靠近海边的国家，这里拥有许多的魅力港口，其中，伊基克港是备受人们喜爱的地方之一。在这里，你可以看到最美丽的海岸风光，感受到非常浓烈的异域风情，还能享受到专属于海岸城市的海鲜美食！

理由5：谜一样的岛屿

来到智利旅游，绝大部分人还是因为这里有座像谜一样的岛屿——复活节岛。它似乎与世隔绝，但它散发的魅力又让人们对它充满了好奇，岛上风光秀美，有几百尊巨石雕像排列整齐，它们看起来有些古老，但像谜一样让人捉摸不透。

阿根廷狂欢节

阿根廷狂欢节在每年2月左右拉开帷幕，在近1个月的时间里，阿根廷几乎所有的人都会出动，100多个游行方阵将在周末和假日中举行街头庆祝活动。所有游行队伍的人都着盛装，女孩们的造型更为火辣，给人一种浓郁的拉丁风情。而阿根廷首都布宜诺斯艾利斯的多个街区都成为了色彩、音乐、灯光和旗帜的海洋。

国旗节

每逢6月20日，是阿根廷非常重要的国旗节，这个节日是为了纪念阿根廷独立军领袖贝尔格拉诺将军。每到这一天，阿根廷全国上下都要举行纪念活动，小学四年级学生要在这一天向国旗宣誓。

独立日

独立日是阿根廷非常重要的独立日，这个节日被定在每年的7月9日，是为了纪念阿根廷的独立。每到节日这一天，阿根廷很多地方都会举行欢庆活动，广场上、公园里到处都是人们庆祝的热闹景象。

塔帕提节

在智利，每年1月底到2月初会举行塔帕提节，这个节日一般在复活节岛或拉帕努伊岛上举行。节日期间，岛上的居民会用自然颜料和原始符号在身上作画，此外，他们还会举行各种竞技比赛。在竞争联盟时还要准备独特的服装、歌曲和舞蹈等，有时还会以分享故事的形式口头传播他们的神话和传说。

蒂拉纳朝圣节

7月12～18日，是智利的蒂拉纳朝圣节，为纪念16世纪抗击西班牙殖民者的印第安女英雄蒂拉纳。7月12日开幕这一天，人们到女英雄遇难地的十字架前肃立致哀，然后列队走进圣母殿，先对圣母像唱朝圣歌，接着向那位少女鞠躬致意，做祷告和献贡品。16日这一天纪念活动达到高潮。在这一天的午后会有宗教游行，队伍一直游行至黄昏。夜幕降临后，一个名为蒂拉纳小镇会点起无数支蜡烛，镇外燃起一堆堆篝火。在这灯火通明的夜晚，人们跳起“假面具舞”。一时间，镇内外到处游荡着可怕的“幽灵”。节日最后一天举办交易会，街上列处摆着琳琅满目的商品，人们随意挑选，直到满载而归。

圈牛节

10月和11月是智利的圈牛节。这个节日是智利人最喜爱的一次群众性游艺庆祝活动，多在农村和小城镇举行，节日的主角是牛，它们在一个称之为“半月”的圆形木围栏中比赛。参加圈牛的骑手以两人为一组，每次比赛三轮，时间不限。比赛时，以骑手所乘马匹的前肢挤住牛的特定部位计分，最后根据积分多少决定胜负。比赛间歇时，男女都在吉他伴奏下唱歌助兴。

葡萄采摘节

每年夏天到来之际，智利中部会开始举办很有意思的葡萄采摘节，在节日开始的时候，你会看到各式各样的活动，最有趣的活动是踩葡萄比赛，并在比赛挑选出他们的葡萄女王。节日举办期间，掌声和加油的呼喊声连成一片，非常热闹。

消费水平

阿根廷和智利的物价都不是特别高，一般在阿根廷普通餐馆中吃一顿饭的价格大概为5~30阿根廷比索，智利一顿午餐的价格为1500智利比索左右。阿根廷的经济型旅馆费用为每人10~100阿根廷比索，智利的经济型旅馆费用为每人800~5000智利比索。红酒是这两个国家的相同特征，在阿根廷，一瓶红酒的价格约30阿根廷比索，智利一瓶红酒的价格约1200智利比索左右。

有用的网站

阿根廷旅游局：www.argentina.travel.com.ar

中国驻阿根廷大使馆：ar.chineseembassy.org

智利旅游局：www.chiletravel.cn

中国驻智利大使馆：cl.china-embassy.org

智利航空官方网站：www.lan.com

智利酒店预订：www.hrs.cn；www.agoda.com

中国外交部网站：www.fmprc.gov.cn

阿根廷、智利一日三餐

早餐

早餐时间为6:00~8:00，习惯吃牛角面包、牛肉三明治、土司配奶油及果酱，或喝马黛茶和咖啡等。

午餐

午餐时间为12:00~14:00，主要吃鸡肉馅饼、腌肉、牛肉、烤肉等，也有蔬菜、蛋类等。

晚餐

晚餐时间为19:00~21:00，晚餐和午餐有些类似，大多都是以肉类为主，除了一些牛肉外，还有热狗及汉堡等。

带孩子怎么玩？

孩子们往往会对一些奇特的地方有着好奇的心理，在阿根廷和智利，这种地方并不少见。阿根廷有很多非常有趣的公园，也有许多非常特别的博物馆，或许你可以带着孩子去乌马瓦拉峡谷，那千变万化的美丽肯定能勾起孩子们无限的遐想。

在智利，神秘的复活节岛肯定是孩子们最向往的地方，这里有很多神秘的巨石雕像，那千奇百怪的特一定会让孩子们大开眼界。

此外，阿根廷和智利都有一些比较大的动物园，那些可爱的动物肯定会吸引孩子们的眼球，这些动物园里不仅有狮子、大象、老虎等的眼球常见的动物，还能见到许多濒临灭绝的动物。

情侣游怎么玩？

阿根廷和智利虽然不以浪漫而闻名，但它们都不缺乏一些非常漂亮且又浪漫的地方。在阿根廷，具有诗意的巴勒莫公园是当之无愧的浪漫之地，在这里，可以选择在小湖泊和玫瑰园边散步，那浪漫的气息将会久久萦绕心间。当然，你也可以选择来到圣史克人工湖，在这里坐着游船，欣赏远处的山景也是一件非常浪漫的事。

如果你们来到智利，复活节岛是不得不去的地方，在高大的石像面前许下爱情的宣言，跟自己的另一半漫步在风景优美的岛屿上，这难道不是非常珍贵的回忆吗？此外，你们还可以去智利美丽的Cavanch海滩，一起在海滩边散步，听着海浪拍打在沙滩上的声音，那种感觉一定很惬意！

0%～15%的小费。

推荐书籍

《潘帕斯雄鹰阿根廷》

《世界我知道：阿根廷》

《列国志阿根廷》

《世界我知道：智利·乌拉圭·巴拉圭》

15天前

在出发前的15天左右，最重要的事情就是准备货币以及其他证件了。如果有在阿根廷或是智利租车旅行的打算，还需要准备好中国驾照翻译公证件。

国内驾照翻译件

由于中国没有加入《联合国道路交通公约》，因此无法申请国际驾照。中国驾照在很多国家可以使用，在出国前只要将本人的驾照翻译成英文或要前往国家的文字，再到公证处公证此驾照的真实有效性，就可以带到国外作为驾照使用。在旅游所在国租车时出示驾照、驾照翻译件及公证书即可。

在阿根廷和智利租借汽车或摩托车时，需要出示国内驾照翻译公证件，且开车者年龄要求在21～60岁，有的租车公司要求在23岁以上，且驾驶年龄需满一年。阿根廷和智利的车辆都靠右行驶。骑摩托车必须戴头盔。

货币

阿根廷的货币单位为阿根廷比索（ARS），智利的货币单位为智利比索（CLP）。人民币在阿根廷和智利都不是流通货币，因此在前往阿根廷或是智利时还需要进行货币兑换。如没有在国内兑换，阿根廷和智利主要城市的银行、机场、外币兑换处都设有兑换点，也可以在机场兑换货币之后再前往市区。

1周前

行李的准备要慎重，但是有些物品又往往会被遗忘，因此，在出发前一周就开始着手准备行李吧！在准备行李的时候，不妨将需要带的物品一一列出，这样可以避免物品遗漏。除了一些衣物以及必备的物品外，还要给一些重要的证件做个备份，如护照中有照片的一页，飞机票、签证、国内驾照翻译公证件等，最好复印两份，一份带在身上，一份留在家里。

行李清单

证件：护照、身份证、证件复印件，以及两张两寸证件照，以方便证件遗失时补办。

服饰：以春夏装为主，T恤、沙滩衣裤、外套、内衣内裤。运动鞋、沙滩鞋、太阳帽、太阳镜等，长衣长裤。

常备药品：感冒药、止泻药、眩晕停、防蚊虫叮咬药、止痛药、创可贴，个人特殊用药等。

饮食类：方便面、调料。

娱乐类：扑克、书等。

其他：现金、信用卡、相机、黑色签字笔或圆珠笔、充电器转换插头、手机和充电器、笔记本电脑及电源线、水杯、雨伞、指甲剪、刮胡刀、针线包、吹风机、梳洗用品、防晒霜、晒后修复凝露、洗衣皂、防晒霜、护肤品等。

注意事项

阿根廷和智利的很多酒店都不提供拖鞋等一次性物品，应携带好拖鞋、牙刷、牙膏等日常用品。在过安检的时候，带有液体的东西、护手霜和唇密等，不可以随身携带（可托运）。

1天前

出发前的一天，心情难免会有些激动，不过还是不要忘记再检查一下行李。特别要检查一下护照、电子机票和酒店预订单等随身携带的物品。可以在每件行李内外作个特别的标志，写上姓名、地址等信息，尽可能使用有外盖的行李卷标，不要暴露身份信息，确认都齐全后，把行李加锁。此外，还要弄清楚打电话回国的方式，可以把它写在随身携带的本子上，并记录一下阿根廷和智利国内的紧急求助电话，有备无患。需要注意的是，出发前一天的晚上一定要早点休息，这样才有精神去体验一次完美的旅行。

随身携带的物品

证件：护照、签证、身份证（户口簿）、出国邀请函（如果有）；

货币：现金、信用卡、银行卡等；

票类：电子机票、酒店预订单等。

出发前的准备

1个月前

对于即将要到阿根廷、智利旅行的游客来说，心里肯定是无比的兴奋，不过千万不能因为太过高兴而忘记一些行程准备。在出发前的一个月，最重要的事情就是要把护照和签证办好，此外，还要开始着手办理机票预订、购买旅行保险等事情。当然，准备好了这些事情之后还需要了解一下有关阿根廷和智利的国情，知道一些基本的常识。

护照

无论你是选择去阿根廷还是智利，护照都是必不可少的。根据我国的最新规定，全国现有北京、上海、广州等43个城市的外地人均可携带本人有效身份证或户口簿在当地办理护照，相当方便。如果你刚好在这些城市中的一个工作，可以拿着户口簿、身份证、暂（居）住证等材料到当地办理，就不用再回自己户口所在地办理了。

签证

护照办理好之后，紧接着就要办理签证。在办理签证时，材料一定要带全。签证需要准备的材料有：申请表（可在网上下载）、有效期至少在6个月以上的护照原件和复印件、经济证明、两张正面彩照、机票预定信息、行程安排、酒店预订信息等。在办理签证的时候，一定要如实填写信息，对于签证官提出的问题，也要诚恳的回答。

机票

国际机票最佳的订票时间是在出发前的1～3个月，这个时期很容易买到折扣较低的机票。

目前中国没有直达阿根廷和智利的航班，其大部分航班都会在法国、马来西亚等国家经停、转机。想要买张机票前往阿根廷和智利并不难，难的是要买到合适且便宜的机票。订机票前，可以先以各大主要航空公司为主，先在网上浏览，再浏览一些常用的订机票网或者廉价航空网站。货比三家后，一般都可以买到比较满意的机票。

住宿

机票的问题解决后，就需要考虑住宿的问题。住宿与旅行质量息息相关，要多花心思选择。阿根廷和智利拥有各种等级的住宿设施，从廉租屋到高档酒店应有尽有，游客可以根据自己的旅游预算以及喜好选择中意的住宿地。

预订住宿地，可以到全球特惠酒店预订网（www.hotels.com）、最后一分钟订房系统（www.ratestogo.com）等网站进行预订，可以多选几家住宿地进行比较，然后再确定自己要选择哪种类型的住宿地。确定好住宿地后，不要忘记将国外住宿地的电话号码告诉家人，并随时与家人保持联系。

旅游保险

到阿根廷和智利旅行，在出国前最好投保一份旅游保险。这种保险涵盖范围应包括物品偷窃和遗失、意外事故以及健康等各种问题。假如想要参加一些冒险活动，如潜水、丛林探险，或在偏远地区旅游，就一定要仔细检查保单中是否包含这些内容。还要随身携带旅游保险单的详细资料和紧急联系电话。

基本常识

在出发前，应该先对阿根廷和智利有个基本的了解，这样可以增加旅行的乐趣。可以上网对阿根廷和智利的语言、民俗、生活习惯、风土人情、美食、特有的野生动物等相关内容进行了解，避免在当地做出不文明或者令当地人误会的动作和说一些令人不悦的话等。

阿根廷和智利都有付小费的风俗，无论你是在机场、酒店还是餐厅，只要接受了别人的服务就应该向他们支付一定的小费。一般来说，阿根廷搬运行李的小费一般是1阿根廷比索左右，而智利一般支付100智利比索左右即可；在阿根廷的餐馆用餐时，如果没有收取服务费，你还需支付10%～20%的小费，而在智利餐馆用餐，没有收取服务费的情况下还需支付

老年游怎么玩？

对于老年人来说，滑雪、冲浪这种刺激的项目肯定是不太适合的，不过也不用担心，老年游客可以选择一些比较轻松的景点游玩。

在阿根廷，具有历史意义的博物馆很多，老年游客可以选择在玫瑰宫欣赏具有浓厚历史文化的建筑，也可以在国家装饰艺术博物馆看看历史物件的展览，或在5月广场周边转转，喝杯咖啡，感受一下当地的民俗风情。

智利也有很多适合老年人的景点，圣地亚哥大教堂、国家历史博物馆、拉莫内达宫等，这些都是轻松愉快的艺术文化之旅；还可以去巴布里扎宫和瓦尔帕莱索露天博物馆感受一下宫殿建筑和名宅的不同之处。

团队游怎么玩？

如果是三五个好朋友组成团队游，请一个靠谱的导游或者是做好充分的行前准备工作很有必要。

如果是三五成群的朋友来阿根廷旅游，可以先在首都来一次别样的文化之旅，可以一次性将五月广场周边的建筑游览一遍。当然，人多的话还可以到靠近自然的蒂格雷体验钓鱼、划船、巡河的乐趣。如果在智利进行跟团游，可以在复活节岛尽情地游览，也可以在安第斯山脉最好的滑雪坡体验刺激的滑雪之乐，也可以在伊基克港享受美丽的海港风光。

在游玩的时候，还可以去当地一些比较繁华的地带看看，感受一下城市的繁荣，顺便淘上几件精致漂亮的纪念品。

负责任的旅行忠告

特殊禁忌不要冒犯

阿根廷喜欢以马黛茶招待客人，在受到这种招待的时候，千万不能拒绝，而且在享用过马黛茶后，一定不要忘记使劲咂咂唇，这是一种礼貌的行为；阿根廷的人喜欢在一起谈论、赞美他们偏爱的体育运动项目，喜欢别人夸赞他们的孩子；在社交场合与阿根廷人见面时，一般要行握手礼；阿根廷人最忌讳的是“13”和“星期五”，那是让他们觉得不吉利的数字和日期；在阿根廷人家里做客，客人应等主人就座后再坐下，离开时也要等到主人为他们开门后再离去；阿根廷人不喜欢灰颜色，最忌讳菊花。

智利人一般不邀请他人到家中做客，如果在受到邀请时千万不能拒绝，而应该将其视为一种荣幸，否则主人会误认为你是瞧不起他们；去智利人的家中做客时，应按时赴约，迟到或早到都是不礼貌的行为；到达主人家，应该先向女主人表示问候，并主动送一束鲜花或包装精美的糖果给女主人，再问候男主人和其他家庭成员；智利人们最讲究女士优先，在公众场合应该将方便让给老人、妇女和孩子；此外，在智利人面前不要提“5”，这是他们认为不吉利的数字。

带一些不同厚度的衣物

阿根廷和智利都是气候变化比较大的国家，所以来这里一定要准备一些不同厚度的衣物，尤其有些地方会比较冷，因此，一些不同厚度的衣物是旅行必备的物品。

单独外出尽量避免

虽然说阿根廷和智利是一个适合旅行的地方，但是在我们游览的同时也要注意一下自身安全，尽量不要单独外出，尤其是在晚上，去一些酒吧或是俱乐部最好有人陪同。

旅游书架

阿根廷智利旅行 Let's Go

最新畅销版

经典品牌 畅游全球

亲历 亲闻 亲拍

亲历者旅行指南

图书在版编目(CIP)数据

阿根廷 智利旅行 Let's Go/《亲历者》编辑部编著. -- 北京：中国铁道出版社，2014.3

(亲历者)

ISBN 978-7-113-17736-2

Ⅰ.①阿… Ⅱ.①亲… Ⅲ.①旅游指南—阿根廷②旅游指南—智利 Ⅳ.①K954.69②K978.49

中国版本图书馆CIP数据核字（2013）第280640号

书　　名：阿根廷 智利旅行Let's Go

作　　者：《亲历者》编辑部 编著

策划编辑：聂浩智

责任编辑：娄建国

编辑助理：杨　旭

版式设计：缪　利

责任印制：郭向伟

出版发行：中国铁道出版社（北京市西城区右安门西街8号　邮码：100054）

印　　刷：中煤涿州制图印刷厂北京分厂

版　　次：2014年3月第1版　　2014年3月第1次印刷

开　　本：720mm×880mm　1/16　印张：15　插页：1　字数：280千字

书　　号：ISBN 978-7-113-17736-2

定　　价：39.80元

前言

南美洲的阿根廷和智利是两个很有特色的国家，它们之间的距离很近，因而在文化和民俗方面它们有很多类似的地方。

阿根廷是一个散发着无限魅力的国家，被人称为“银之国”。这里埋藏着很多白银和财宝，很多探险家都被它深深吸引。你或许不知道这个国家具体有什么，但是著名的探戈和阿根廷红酒，你一定听说过。这两样东西是阿根廷特有的象征，几乎一说起阿根廷，人们最先想到的便是它们。阿根廷具有历史意义的景点很多，几乎在稍微著名的城市都有涉及，在这些景点参观，你会从本质上了解到一些阿根廷的历史。阿根廷有很多风景优美的景点和城市，它给游人描绘出一幅山水分明的风景画。它让任何一个来到这里的游客，都无法忘记乌马瓦拉峡谷的梦幻、卡特德拉尔山的刺激，以及五彩山被阳光初照时那耀眼夺目的景象；阿根廷的魅力还远远不止如此，纳韦尔瓦皮国家公园的高山峡谷、伊瓜苏公园的奔腾瀑布以及伊维拉自然保护区的河流、沼泽和野生动物等，都是这里亮丽的风景。

智利是典型的“铜之王国”，与阿根廷的相比，毫不逊色。与阿根廷相同的是，智利的葡萄酒也声名远播，在这里，有各种品种的葡萄酒，它们各有特色，又各有风味，就像这个国家，总是充满着无限的魅力，总给人意想不到的惊喜。走进智利，你会发现它还是一个历史性建筑繁多的国家，几乎每一个重要的城市或地区都有那么几座历史性的建筑或是遗迹。在南美，智利或许不是最繁华的国家，但绝对是非常有特色的国家。那些你只从别人口中或是书本上看到的智利的博物馆、教堂，不走近它，你一定领略不到它独特的魅力。奇特的月之谷、有趣的马米尼亚温泉、美丽的巴布里扎宫，这些地方的美都需要我们自己去寻觅。

在阿根廷和智利，你可选择的旅游方式有很多，其中包括历史景点游、文化艺术游、特色城市游或是生态公园游总之，不同的旅游方式必定会带给你不一样的体验。

阿根廷和智利都是适合各个时节旅游的地方，所以来这里旅游，你不用刻意的去挑选时间和地点，只用带着一颗充满热情的心，就能获得一次美好的体验。都说“百闻不如一见”，要想真正的感受一次阿根廷智利的风采，你就是要亲自过来体验一番！

《阿根廷 智利旅行Let’s Go》它囊括了阿根廷6个著名的旅游地，包括布宜诺斯艾利斯、科尔多瓦、门多萨以及萨尔塔等著名的旅游景点，也提供了智利的圣地亚哥、瓦尔帕拉索、伊基克、圣佩德罗·德阿塔卡马4大城市的著名景点。另外，本书还为你解读了阿根廷和智利各大旅游地著名的景点，提供了全面的交通、住宿、饮食、购物以及娱乐信息为你的旅行提供了极大的方便。

●阿根廷火地岛

目录 CONTENTS

导读:360° 看阿根廷 001–014

阿根廷旅行行前准备 015–034

Part1：布宜诺斯艾利斯旅游圈 035-068

Part2：科尔多瓦旅游圈 069-082

Part3：门多萨旅游圈 083-094

Part4：萨尔塔旅游圈 095–106

Part5：胡胡伊旅游圈 107–116

Part6：圣卡洛斯—德巴里洛切旅游圈 117–128

Part7：其他不可错过的旅游地 129–131

导读:360° 看智利 133–148

智利旅行行前准备 149–166

Part1：圣地亚哥旅游圈 167–194

Part2：瓦尔帕莱索旅游圈 195-206

Part3：伊基克旅游圈 207–218

Part4：圣佩德罗·得阿塔卡马旅游圈 219–225

●特罗纳多峰

导读:360°看阿根廷

阿根廷名片

所属洲：南美洲
首都：布宜诺斯艾利斯
主要城市：门多萨、萨尔塔、胡胡伊、圣卡洛斯—德巴里洛切
时区：UTC-3
官方语言：西班牙语
国际电话区号：+54

1 阿根廷人文：快乐读阿根廷

历史

阿根廷共和国位于南美洲南部，是南美洲的第二大国，其地位仅次于巴西。阿根廷的发展是得益于它丰富的自然资源、高度受教育的人口、出口导向的农业部门以及多样的工业基础，因此在历史上它有一个相对其他拉丁美洲国家庞大的中产阶级，但是后来因为一系列的经济危机而没落。

阶级社会初始

在16世纪之前，阿根廷这片土地上居住着约30万的印第安人，他们主要以部族的形式。生活在阿根廷西北部山区、东北部林区、拉普拉塔河流域、潘帕斯平原、巴塔哥尼亚及火地岛等地。那个时候，几乎有一大部分印第安部族还处于原始公社阶段，只有极少数部族才刚开始向阶级社会过渡，他们从事玉米、马铃薯、烟草等农作物的种植，在石砌住房、灌溉系统、道路桥梁的修建等方面也已经具有了一定水平。

殖民地的第一步

16世纪初期，西班牙和葡萄牙的探险家们在开发旅途中，阿根廷的拉普拉塔最先被探险家们当做“Mar Dulce”发现。1536年时，查理五世派遣佩德罗·德门多萨再次拜访这里，在这里建起了城市，使得原有的住宅被大量破坏，阿根廷的殖民地历史从这时便开始了。

殖民时期

从阿根廷被西班牙和葡萄牙人进驻后，便进入了漫长的殖民时期。1806年到1807年，大英帝国的军队也想成为阿根廷的殖民者之一，他们两次企图侵略拉普拉塔地区，最终被当时的克里奥尔率领的军队击退。但是，已经在阿根廷植根的西班牙殖民者对印第安人实行了极其野蛮的大屠杀，他们把封建奴役性的“监护制”和“米塔制”强加在印第安人头上，激起印第安人多次起义。17世纪初，阿根廷农业和畜牧业开始有了一定的发展。到18世纪末，阿根廷畜牧业取得了很大的发展，皮货、腌肉和油脂出口显著增长，并出现了纺织业和造船业。

独立运动时期

殖民者的统治激起了阿根廷人们强烈的独立意识，在1807年拿破仑占领西班牙本土时，阿根廷人民趁此良机开始酝酿一场革命。1810年5月，阿根廷人民在领导人的带领下开始了革命，成立了拉普拉塔临时政府。这次革命历时一周，并取得了良好的成效，使得阿根廷逐渐开始脱离西班牙殖民者的统治。

"五月革命"胜利后不久，西班牙调集殖民军向阿根廷的爱国军民进行反扑。1812年9月24日，贝尔格拉诺率领北方军在图库曼城下击败殖民军。1813年2月3日，圣马丁指挥的骑兵团在圣洛伦索战役中击败殖民军对拉普拉塔地区爱国军的进攻。1816年7月9日，爱国军在图库曼召开国民会议，通过《独立宣言》，正式宣布拉普拉塔联合省独立。

独立后的阿根廷

刚刚独立不久的阿根廷在经济上出现了严重的冲突。由于这种形态不断发展，阿根廷产生了中央集权主义和联邦主义两大对立派，中央集权派反映沿海及沿河地区自由派地主和新兴资产阶级利益，力图扩大国内外市场，主张建立强有力的中央集权政体，为发展资本主义创造条件；联邦派代表封建地主阶级和各省军阀利益，主张建立联邦制政府，各省享有广泛的自治权利。1820年时，中央集权派和联邦派的斗争达到高峰。此后，阿根廷政局变得动荡，国家长期处于分裂和内战状态，严重阻碍了经济的发展。阿根廷第一任总统上任后，致力于建立中央集权的统一国家，但遭到联邦派的激烈反对，不久之后他被迫辞职。1829年，中央联邦主义者胡安·曼努埃尔·德罗萨斯开始了他长达20年的恐怖独裁统治。1862年，新一代总统巴托洛梅·米特雷上任后，建立了一个全新的联邦政府，阿根廷国内围

绕国家统一的问题终于趋于平稳。

现代阿根廷

此后的阿根廷又先后经历了两次世界大战，获得了大量的利润，成为了发达国家的一员。与此同时，阿根廷的政局又开始动荡。1955年庇隆政府被推翻后，阿根廷又经历了军政和民政反复的不安定时代。1982年，阿根廷开始了马尔维纳斯群岛战争。1989年，庇隆党成员卡洛斯·梅内姆当总统期间，阿根廷出现了严重的通货膨胀。此后阿根廷的经济形势日渐严峻，直到2003年，阿根廷的经济形势才渐渐趋于安定。

文化

阿根廷曾经是一个殖民地国家，这使得它在文化方面受到很多外来国家的影响。如今，在阿根廷的国土上，你能看到诸如西班牙、葡萄牙等文化的印记。

阿根廷文学

阿根廷文学具有很高的地位，就连阿根廷的国名，还是来自1602年马丁·德尔·巴尔科·森特内拉创作的，记述拉普拉塔河流域征服史的长诗《阿根廷》这部文学作品。阿根廷文学起初呈现出来的是激烈的民族主义，随之而来的是现代主义和先锋主义运动。豪尔赫·路易斯·博尔赫

斯以其作品中精妙的隐喻和哲学思辨，成为拉丁美洲文学蓬勃发展的一位主将，他的中短篇小说将情结的简单性和结构的复杂性结合在一起，对幻想文学的发展产生了巨大贡献。他著名的短篇集《虚构集》和《阿莱夫》中汇集了梦、迷宫、图书馆、虚构的作家、作品、宗教、神祇等很多共同的主题。

体育文化

阿根廷的足球在世界上享有崇高的地位，这跟阿根廷长远的足球历史息息相关。阿根廷的足球历史可以追溯到100多年前，阿根廷的首季业余联赛在1891年诞生，从圣安德鲁斯以 3 比 1 获胜，并成为阿根廷联赛历史上首支冠军球队后，阿根廷的足球文化便迅速的发展起来，阿根廷足球业余联赛也随之成为了阿根廷足球的正统联赛。1931年，阿根廷足球开始实施全国联赛职业化，阿根廷足球渐渐在世界上闻名。从20世纪30年代全国足球职业化以来，阿根廷不断输出本土优质球星到欧洲，同期还有路易士蒙迪曾先后代表阿根廷打1930年首届世界杯及代表意大利打1934年世界杯，从而翻开阿根廷足球新的一页。自20世纪80年代以后，阿根廷成为输出欧洲足球球星的最多国家之一，以自由洒脱的风格风靡世界，多次获得世界杯、冠亚军。

人口

根据阿根廷人口普查，阿根廷的总人口约为4012万，其中有67%是西班牙裔和意大利裔，26%是白人和美洲印第安人的混血儿，还有2%是美洲印第安人，另外，这里还有5%是其他非白人族群。

宗教

罗马天主教是阿根廷的主要宗教。在阿根廷，有92%的教徒信奉的是罗马天主教。除此之外，阿根廷还有2%的人信奉基督新教，2%的人信奉犹太教，以及4%的人信奉其他宗教。

艺术

探戈

说起阿根廷的艺术，人们脑中第一个想到的便是阿根廷华丽高雅、热情奔放的“探戈”。阿根廷探戈发源于它的首都布宜诺斯艾利斯的港口地区。它是一种唱多于跳的艺术形式，它的唱是清一色男性，且都是独唱，偶尔也有几个小滑稽剧穿插。激昂的键盘手风琴是伴奏的主旋律，给人以心灵的撞击。

阿根廷的探戈有着自己的名称Milonga，它不像国标舞中的探戈阿根廷探戈在跳动时，两个舞伴的身体并行直立，几乎贴在一起，并且快速旋转、踢腿，非专业人士很难将这些动作连贯起来。 探戈可唱可跳可演奏，它是一种集音乐、舞蹈、歌唱和诗歌于一身的综合性艺术形式。

在音乐方面，吉他是作为演奏探戈不可缺少的乐器之一，节奏是较慢的四四拍，适于表达忧伤的情感；内容方面，它的唱词中使用的大量外来俚语，深刻的反映着阿根廷受外来文化的影响；舞蹈方面，探戈舞蹈中的折腰、扭摆等动作

都源于阿根廷舞蹈的动作，这同样也体现了它受外来文化的影响。

手工艺品

阿根廷的手工艺品精美绝伦。一些物品如银扣带、马镫、马刺和大型葫芦制品制作精良，木雕、纺织品和手编披肩也很受游客欢迎。

节日

阿根廷一年之中有很多的特色节日，由于它受到很多外来文化的影响，在有些节日上也具有一些别的国家的风俗习惯。

元旦

时间：1月1日

元旦（Ano nuevo）也被称为“新历年”，是世界上很多国家和地区的法定假日。阿根廷人有在元旦那天沐浴的习俗，那是由他们的文化决定的。阿根廷人认为水最圣洁，因此在每年元旦的时候，各家老少会成群结对地到江河去洗“新年浴”，并以鲜花揉搓全身，以示洗去污秽和霉气，换来吉祥和幸福。

真理和正义纪念日

时间：3月24日

真理和正义纪念日（Dia de la Memoria por la Verdad y la Justicia）是阿根廷的政变纪念日，是为了纪念在1976到1983年结束独裁统治后，重新回归为民主政权的国家政府而设立的节日。

马尔维纳斯群岛纪念日

时间：4月2日

马尔维纳斯群岛纪念日（Dia de los caidos en Malvinas）是为了纪念在阿根廷马尔维纳斯群岛战争中战死和退役的军人们而设立，因为马尔维纳斯群岛战争在阿根廷历史中占有重要的地位，因此这个节日格外受阿根廷人重视。

国庆节

时间：5月25日

国庆节（Primer Gobierno Patrio）是一个纪念“五月革命”的节日，是阿根廷很重要的一个节日。节日期间，大多的阿根廷人会齐聚五月广场，庆祝节日的欢腾声响彻云霄。

国旗节

时间：6月20日

国旗节（Dia de la Bandera）是为了纪念阿根廷独立军领袖贝尔格拉诺将军而设立1812年2月，贝尔格拉诺在同西班牙殖民军作战前线树起了独立军的第一面蓝白双色军旗，这就是后来阿根廷国旗的前身。为了表示对贝尔格拉诺将军的敬意，他逝世的日子6月20日被定为阿根廷的国旗节。每年的这一天，阿根廷全国都要举行纪念活动，小学4年级学生要在这一天向国旗宣誓。

独立日

时间：7月9日

独立日（Dia de la Independencia）是纪念1816年阿根廷宣布独立的节日，这一天，很多地方都会举行欢庆活动。这一节日反映了虽然阿根廷被殖民统治的那一段暗淡的历史早已远去，可是人们对自由和平等的追求却从来没有停歇过。

圣马丁将军纪念日

时间：8月17日

圣马丁将军纪念日（Dia del Libertador Jose de San Martin）为了纪念阿根廷的国家英雄圣马丁将军而设立。在圣马丁将军纪念日这天，阿根廷全国各地都会举行一系列的纪念活动。阿根廷首都的纪念仪式在总统府前的五月广场举行，圣马丁的陵墓就在广场右侧的首府大教堂内，纪念活动规模非常隆重和盛大，可以和阿根廷的国庆节媲美。

哥伦布日

时间：每年10月的第二个星期一

哥伦布日(Columbus Day)又称“哥伦比亚日”，是美洲一些国家的节日，用来纪念克里斯托弗·哥伦布发现“新大陆”。由于哥伦布的到来破坏了美洲原住民的文化，在节日的前一天，原住民通常会举行抗议活动，口号为“自由的最后一天”。

圣母无染原罪瞻礼

时间：12月8日

圣母无染原罪瞻礼（Dia de la Inmaculada Concepcion）是天主教节日之一，它是庆祝圣母玛利亚获得无原罪的恩赐的一个瞻礼。

民俗

阿根廷是一个特别注重礼节和礼仪的国家，在这里，大到社交活动，小到平时的生活细节都有一定的要求。因此，在去阿根廷之前，游客就应该熟悉一些阿根廷的生活习俗和宗教禁忌，以免给自己的旅游带来不必要的麻烦。

社交礼仪

阿根廷的人民热情好客，在见到客人的时候，他们首先会以马黛茶进行热情的招待，对于主人这种盛情款待，客人们一定要欣然接受，并且要在喝过马黛茶后，使劲咂咂嘴唇，以表示自己接受了主人赐给的口福。

阿根廷人常以家乡最珍贵的马黛和吸管作为礼物赠给客人和朋友，以作为永久性的纪念品；在他们赠送礼物的时候，游客不应该因为觉得不好意思而推拒，而应该高兴的接下礼品并表示感谢。

阿根廷人酷爱足球和其他体育运动，也喜欢在谈论中赞美他们偏爱的体育运动项目。他们喜欢别人夸赞他们的孩子，希望别人赞赏他们家中的陈设和烹调技术。他们对舞蹈造诣颇深，著名的探戈舞便源于他们的国家。他们喜爱赛波花，将其喻为国花，并视其为美好和幸福的象征。此外，他们对棕灶鸟极为偏爱，认为棕灶鸟筑巢独俱特色，形似“面包烤炉”，人们赞赏其“建筑技艺”高超，并喻其为“面包师”。

迎宾待客礼仪

阿根廷人在社交场合与客人相见时，一般行握手礼。与久别后的挚友相见，男人习惯互相拥抱，女人则握住对方的双手并亲吻双颊。你如果要与他们相见，事先约定是必要的，最好准时到达。如果你在阿根廷人家里受到了款待，应准备给女主人送鲜花或糖果，做客时，客人应等主人就座后再坐下，在主人为你开门后再离去。

习俗与禁忌

阿根廷人最忌讳的词语是“13”和“星期五”，因为他们认为这是令人懊丧和不吉利的数字和日期。所以你与他们交流时，应该设法回避说“13”和“星期五”。

在着装方面，他们很注重礼节。在这里，男子出门时都要穿好西装；在公共场合脱掉上衣是很不雅的行为，应该极力避免这样做，若在火车上这样做，则会受到列车员的警告。

阿根廷人不喜欢灰色，因为一般人都看不惯这种色彩。他们不喜欢别人送他们衬衫、领带之类的贴身物品。他们忌讳菊花。认为菊花是在丧礼上对死人使用的，是令人悲丧的妖花。他们忌讳送礼送手帕，因为送手帕会招至悲伤。此外，他们也不愿跟人谈论有争议的宗教、政治问题。

2 阿根廷自然：惊艳看阿根廷

地理

自然地理

阿根廷位于南美洲南部，与智利、玻利维亚、巴拉圭、巴西等国接壤。阿根廷的地势西高东低，山地面积占全国面积的30%。它的东部和中部的潘帕斯草原是著名的农牧区，号称“世界粮仓”，那里聚集了全国70%的人口、80%的农业和85%的工业。北部地区沼泽洼地较多，也有大面积森林，南部是有名的巴塔哥尼亚高原。阿根廷的河流主要有拉普拉塔河、乌拉圭河和巴拉圭河。

区域地理

阿根廷共有23个省，他们分别是布宜诺斯艾利斯、卡塔马卡、查科、丘布特、科尔多瓦、科连特斯、恩特雷里奥斯、福尔摩沙、胡胡伊、拉潘帕、拉里奥哈、门多萨、米西奥内斯、内乌肯、内格罗河、萨尔塔、圣胡安、圣路易斯、圣克鲁斯、圣菲、圣地亚哥-德尔埃斯特罗、火地岛和图库曼。不过，布宜诺斯艾利斯也是一个自治市。除布宜诺斯艾利斯市和布宜诺斯艾利斯省外，各省再分为若干郡，布宜诺斯艾利斯省、市下分为区。

气候

阿根廷地处南半球，不同地区气候有很大的差异，其气候由于受到地形以及纬度的影响，不同的时间会呈现不同的天气变化。阿根廷的北部主要受到亚热带湿润气候的控制，在热带海洋气团和极地大陆气团的交替控制，其北部地区的不同月份会拥有不同的天气变化。

阿根廷的北部属于热带气候，多为干旱山地；中部受到热带和亚热带沙漠气候的影响，气候较为温和，少雨和炎热是这里最大的特点，这样的气候特点并不适合植物生存，因此这里的植被比较少；南部为温带气候，降水一般集中在夏季，在这种气候的控制下，阿根廷的南部主要呈现四季分明的现象；西南部地区气候变幻无常，而南部接近南极洲，冬季比较寒冷。

阿根廷的南北部温差比较大，北部的年平均气温为24℃，南部为5.5℃。近几年来，阿根廷受全球气候变暖的影响，圣克鲁斯省的别德马冰川正在以惊人的速度消融。阿根廷的气候受到了极大影响，并出现了暖冬情况。所以，前往阿根廷旅游前，最好了解出行一段时间的天气情况，做好必要准备。

环境

对于每一个喜欢亲近大自然的人来说，阿根廷确实是一个能让我们进一步接近大自然的地方。在这里，除了可以看到高楼林立的现代建筑外，放眼望去还可以见到很多地方看不到的自然美景。这里的山川、河流、丛林、花草，还有在林中穿梭的野生动物，哪一样都让游客津津乐道。

阿根廷的自然环境让人一见便难以忘怀。暂且不说那些风光旖旎的景色，单说一个普通的景观都叫人心驰神往。这里的山林怎么也看不厌，它们仿佛各有各的特色，不论是什么地方，都能起到让人眼前一亮的效果。河流也是这里众多的美景之一，这里的河流有动有静，动态的形成了激流勇进的瀑布，让人振奋不已；静态的则宛若娴静端庄的女子，令人心旷神怡。众多的野生动物是这些美景之中的装饰，鳄鱼、海狮、鸬鹚、海豚鸥等野生动物为这些美景增添了不少的特色。

时区

阿根廷使用的是UTC-3时区。与中国北京的时间相比较，阿根廷的时间比北京时间晚了11个小时。

3 旅游亮点：阿根廷TOP榜

阿根廷不可不看的10大景点

1

2

3

Top1：五月广场

在阿根廷旅行，五月广场是不可错过的目的地之一，位于布宜诺斯艾利斯市中心的位置，是一个纪念“5月革命”而命名的广场。如今这里是布宜诺斯艾利斯的繁华地，体育场、剧院、影院、公园等文化设施和娱乐场所纷纷聚集在此，大量的游客都来到这里，就为目睹一下这座广场的风采。广场的周围有喷泉、草坪，还有各种各样的花卉；在广场上，你还能看到有很多人都争相为鸽子喂食的情景。

Top2：玫瑰宫

光听“玫瑰宫”这个名字，就能感受到这是一座美丽动人的建筑。它的外表是红色的，看起来有点像荷兰红屋，但又与荷兰红屋大不相同。这座建筑不仅风格多变，里面收藏的物品也很有价值，其中包括阿根廷历届总统的私人物品、庇隆夫人的珠宝等。

Top3：巴勒莫公园

巴勒莫公园作为布宜诺斯艾利斯最为美丽的城市公园，集美丽与大气于一身。公园里有森林、湖泊，还有一个美丽的玫瑰园。在这里，你能轻易的感受到它的艺术气息。公园里偶尔会有

3

不同肤色的人群走过，为公园增添了一些热闹的气氛。

Top4：宗教艺术博物馆

如果你想找寻一次独特的艺术感受，那位于科尔多瓦的宗教艺术博物馆一定会是一个绝佳的选择。这个博物馆展示的都是一些贵重物品，里面的有些地方甚至还保持着展品原来的样子，因此你可以在这里找寻最原始的感觉。你还可以在这里看到知名艺术家的作品。同时，在这里游玩后，不要忘记拍几张照片作为纪念。

4

Top5：奥拉恩瀑布

对于奥拉恩瀑布的印象，百闻不如一见。在这里，你可以看到急涌而下的瀑布与山岩石壁撞击的壮丽场景，其声势之浩大，就像千万匹马在飞快的奔驰，让每一个看到它的人都忍不住心生感叹。有的时候，瀑布撞击出来的水花会溅在一旁的树叶上，水珠在阳光的照射下，发着闪闪的光，虽然晃眼，却有着不同寻常的美丽。

5

Top6：圣马丁公园

6

圣马丁公园是一个适合游客欣赏的地方。这座公园内有弯曲的小径，有悬空在峭壁上的大岩石，还有美丽的野生鲜花，将热带风情挥洒的淋漓尽致。来到这里，游客就像置身于广袤的热带森林里，抬眼望去，四周都是可爱的热带植物。在这里，放松身心是一项最主要的任务，公园里不仅有美丽的景色可供欣赏，还有很多为游客精心设计的健身娱乐场所，让每一个到这里的人都倍感舒适。

Top7：乌马瓦拉峡谷

不知你是否曾幻想过去梦幻的世界中走一遭，在乌马瓦拉峡谷，你的这个愿望真的可以实现。这里是一个非常美丽的地方，且不说这里价值不菲的历史古迹是绚丽多彩的矿石，光一座漂亮的“七彩山”就足以让你为之倾心。来到这里，一定要带上你的相机，并拍下阳光照射在七彩山上夺目的一刻。

7

Top8：纳韦尔瓦皮国家公园

这座公园在阿根廷有着很高的地位，这不仅仅是因为它是阿根廷第一个国家公园，也因为它是阿根廷著名的自然保护区和游览区。在公园内有一个著名的滑雪中心——卡特德拉尔山，每年的6月至9月，这里大雪纷纷，银装素裹，是游客们特别钟爱的滑雪胜地。园内还有一个很大的湖泊，湖面呈不规则形状，湖水缓缓向东流入利迈河，湖中有鲑鱼和鳟鱼生存，游人在湖中垂钓。

8

Top9：伊瓜苏公园

如果奥拉恩瀑布的壮阔让你还意犹未尽，不如来伊瓜苏公园欣赏一番吧！公园里有世界上最壮观的瀑布之一——伊瓜苏瀑布，奥拉恩瀑布的奔腾壮阔，伊瓜苏瀑布是有过之而无不及。在瀑布的顶端有许多小瀑布成片排开，层叠而下，激起巨大的水花，滋润着周围葱翠植物的生长。当然，这里的美景不仅仅只有这个瀑布，还有茂密的亚热带雨林，以及大水獭、食蚁动物、吼猴、虎猫等野生动物，保证让你赞赏有加。

9

Top10：火地岛

一听火地岛这个名字，你绝对猜不到它竟然是以冰川风光闻名的地方。火地岛的冰川风光别具一格，形状奇特，重峦叠嶂。来到这里，很多人都会感叹它的风光秀美。也许很多人都会知道一部跟火地岛同名的电影《火地岛》，该电影给人们讲述了一个跟火地岛有关的故事，这也让人们更加对这里感到好奇。

10

阿根廷最值得一游的6大城市

Top1：布宜诺斯艾利斯

布宜诺斯艾利斯（Buenos Aires）是阿根廷的首都，也是阿根廷最大的城市，有“南美巴黎”之称。这里的人向往着过欧洲人一样的生活，因此来到这里你会发现，这里的街景都非常的欧洲化。这里是一个历史足迹遍布的地方，因而在这里，你可以看到诸如5月广场、玫瑰宫、萨米恩托故居、雷科莱塔墓地等具有历史性的地方。来到这里，你可以在著名的科隆剧院感受它独特的气息，还可以置身繁华的街道里品味它浓厚的异域风情。

Top2：科尔多瓦

科尔多瓦（Cordoba）是阿根廷第二大城市和主要的工业中心，也是阿根廷中部重要的铁路、公路交通枢纽。这里的汽车制造、飞机制造、农田机械、冶金、化学、食品加工、纺织、制革等工业发达，阿根廷最早的科尔多瓦大学就是在这里。这里，因此西班牙风格建筑颇多，总统府、教堂等都具有一定的历史价值。另外，这里还有众多山川、湖泊，是著名的避暑胜地。

Top3：门多萨

门多萨（Mendoza）是阿根廷的历史名城，这里最让人难以忘怀的便是葡萄酒。门多萨是阿根廷葡萄酒最大的产区之一，其产量占了整个阿根廷葡萄酒产量的一半以上。在这里，你可以品尝到特浓情（Torrontes）、伯纳达（Bonarda）、马尔贝克（Malbec）、西拉（Syrah）、赤霞珠（Cabernet Sauvignon）等不同品种的葡萄酒。坐在餐厅里，闻着浓郁的酒香，你会不会觉得这里也是一个浪漫地呢？

Top4：萨尔塔

萨尔塔（Salta）位于阿根廷西北部边境，它与智利、玻利维亚、巴拉圭相邻。这里有绿色的高原，也有属于亚热带干燥性气候的荒凉大地。在市内，另一派别样的景观又让游客震惊不已，其市内有很多殖民时期的宏伟建筑和文化古迹，还有各种各样的博物馆向人们展示着它不同方面的文化另外，在市内的旅游景点附近还有很多的美食餐馆、娱乐中心以及温泉等，这一切，让它成为了阿根廷西北部著名的旅游中心。

Top5：胡胡伊

胡胡伊（Jujuy）是阿根廷矿藏资源丰富的地方。这里的矿资源有铁、锌、铅、锡、金、银等，冶金、食品加工、纺织等工业是这里的一大特色。胡胡伊很多地方都被山峦环抱，气候温和、景色优美，著名的乌马瓦拉峡谷就在这里，美丽的彩矿、绚丽的七彩山是峡谷内最动人的景观。来到这里，你欣赏的似乎不是自然美景，而是一幅艺术画卷。

Top6：圣卡洛斯-德巴里洛切

若要观赏阿根廷风景优美的地方，那么圣卡洛斯-德巴里洛切（San Carlos de Bariloche）当然是最不能错过的旅游地之一。它依山傍水、景色秀丽，前有面积庞大的奈维尔瓦皮湖，后有以卡特德拉尔山为首的绵绵山脉。这里的景色一年四季都有看头，尤其是秋季的红叶和冬季的白雪最值得一看。另外，在这里还有一个著名的国家公园，平日里，这里会有很多游客在此聚集，进行露营、钓鱼、登山、滑雪等活动。

●冰川国家公园

阿根廷旅行行前准备

如何作好行前准备

去哪搜集最有用的资料

登录相关网站

在前往阿根廷之前，我们必须对阿根廷进行多方面的了解，如怎样买前往这个国家的机票，怎样办护照、签证等，都是我们需要注意的问题。除了这些之外，我们关心的还有这个国家有哪些著名的景点，在这个国家如何住宿等。解决这些问题，买一本书细细的研究是一个很实在的方法，但这样一般会耗时太多，所以最快捷的方式还是先登入相关网站去了解相关的信息，下面我们就为准备提供一些可能对你有帮助的网站。

阿根廷旅游局：www.argentina.travel.com.ar

中国驻阿根廷大使馆：ar.chineseembassy.org

了解使领馆的相关信息

在去阿根廷旅行前，了解阿根廷驻华使馆的信息是相当重要的。在阿根廷驻华使馆，你可以找到最实用的信息，如办理阿根廷旅游签证、护照等相关事项，以及阿根廷旅游景点和住宿方面等相关的信息。

阿根廷驻华使领馆（大陆地区）			
使馆名称	地址	电话/传真	领区
阿根廷驻华大使馆	北京市朝阳区三里屯东五街三里屯东5街11号	电话：010-65321406/65322090/65322142 传真：010-65322319	
阿根廷驻广州总领事馆	广州市天河路208号粤海天河城大厦2405室	电话：020-38880328 传真：020-38880326	广东、广西、福建、海南
阿根廷驻上海总领事馆	上海市延安东路58号高登金融大厦12楼1202室	电话：021-63390322 传真：021-53500058	上海、浙江、江苏、安徽

出入境须知

入境的时候，游客应详细填写飞机上的工作人员发放的入境登记卡，并同护照换好以备阿根廷海关检查。进行入境检查时，检察官简单的询问后会在你携带的护照上加盖入境章。提取行礼过后，要进行入境检查。根据阿根廷海关有关规定，游客不能携带入境的物品包括水果、肉制品、昆虫、动植物等。阿根廷海关对入境检查颇为严格，因此建议中国公民在进入阿根廷时，不要携带违规物品，以免造成不必要的麻烦。

如果要出境，建议在乘坐国际航班时提前3小时进入机场。出境的时候，需要向所乘坐的航空公司的服务后台出示入境卡以及护照，还需缴纳18比索的税。另外，入境时所携带的个人物品在出境的时候也必须带回。

阿根廷有关常识

电压

阿根廷所使用的电压是220伏（V）、50赫兹（Hz），电源插座有很多种，有两孔的C型、三孔的BF型以及O型。

时差

阿根廷跟中国有时差，一般认为阿根廷的时间比中国北京晚11个小时。

小费问题

在阿根廷有付小费的习惯，在很多场合都要付一定的小费。例如，在机场或是饭店时，有服务生帮你搬运行李，出于礼貌，你应该向他们付小费。如你使用了有管理员的卫生间，你也应该向他支付一定的小费，在餐馆进餐时，如果餐馆没有收取服务费，你应该支付消费额10%～20%的小费，当然，收取了服务费就不用支付小费了。在咖啡馆用餐或是搭乘出租车是不用支付小费的，但是如果你受到了额外的服务，还是要酌情付一定的小费。

各场所营业时间

阿根廷的大多数场所的工作时间都不是很长，且很多都有两天休息日。政府机关的工作时间是每天9:00～18:00，中午12:30～14:30是午休时间，周六、周日休息；商店的营业时间一般为每天10:00～12:30、15:00～18:00，周日休息；餐厅的营业时间为11:00～15:00、20:00～24:00，周日休息；银行的营业时间是10:00～15:00，周六日休息。

拟定计划有窍门

选择什么季节去阿根廷

阿根廷的景点很多，在阿根廷旅游可以说是四季皆宜，冬天和夏天却是阿根廷旅游的最佳时间。阿根廷夏季的最高温度在37℃左右，雨量充沛；冬季最高温度约20℃左右，最低温度为5℃左右，降水量不多。每年的12月至次年的2月为阿根廷的夏季，那时候来这里可以观看各大有名的公园，还可以享受到垂钓的乐趣；6月到10月份是阿根廷比较寒冷的季节，那个时候来这里可以看到白雪皑皑的冰山，还可以体验滑雪的乐趣。

选择旅游的方式

到阿根廷旅游，有3种方式可供你选择，它们分别是自助游、半自助游和跟团游。

如果你的旅游时间充分，并且有足够的旅费、懂得一些英语和西班牙语，自助游自然是一个不错的选择。你可以随性地选择自己想要去的城市，游自己喜欢的景点，吃自己喜欢的美食，相信这对于每一个喜欢自由的游客来说都是一个最理想的旅游方式。

不过，半自助游也不失为一个不错的方式。它分为2种，一种是往返的机票和住宿的酒店由旅行社为你预订，游玩方面你自行选择；另一种是往返的飞机票和住宿旅店由自己预订，到了目的地后跟着当地的旅行团一起游玩。对于时间紧迫、没有特定计划的游客而言，选择这样的旅游方式是非常方便且安全的。

跟团游是旅游中最为火热、最为方便快捷的一种方式。如今，中国各地都有众多的带团旅游公司，很多都提供了非常全面的服务。想要选择跟团游的游客可以在网站上先了解各个公司的旅游项目，然后根据自己的需要选择旅游公司。

旅游预算

阿根廷因为属于南美洲，所以旅行费用一般都比较高，机票的价格一般都有些贵。这里的开销比中国国内一些中型城市略高，旅游景点的价格也不太便宜。在这里旅游，游客可以选择一些便宜方便的旅舍，他们会提供免费的早餐，这就为游客减少了一些不必要的开支。在购物方面，建议游客不必花太多的经费在购物上，买一件实用而有纪念意义的商品即可，这样既看着赏心悦目，又不会显得浪费。另外，在这里的饮食、交通等费用，游客可以按照自身的经济条件进行合理的预算。

中档酒店标准双人房：150比索

一瓶红酒：30比索

一块牛排：20比索

Espresso：3.5比索

街边小吃：2比索

一杯冰激淋：3比索

每公升汽油：3.8比索

一瓶啤酒：3.5比索(商店)，5.8比索(酒吧)

纪念T恤：24比索

计划旅游的天数

出国游玩，不管去哪里，最少也要7天时间。但如果能有个10天甚至15天的时间的话，自然能在阿根廷玩得更畅快些。

如果你有7天的时间在阿根廷游玩，可以选择阿根廷的一个到两个城市游玩一番；你可以在布宜诺斯艾利斯感受一下这个国家的繁华都市景象，还可以去科尔多瓦或是门多萨，感受一下阿根廷的艺术魅力；如果你有10天的旅游时间话，就可以在阿根廷多个城市游览一番，去最现代的繁华都市布宜诺斯艾利斯，去具有浓厚历史气息的古城科尔多瓦、去门多萨，还可以去美丽的胡胡伊……如果你有十几天的旅行时间的话，那自然可以来一次阿根廷深度游了，在一个城市住上几天，看看风景、逛逛集市，或是享受一次惊心动魄的滑雪之行，这些都会是你旅行记事本上最难忘的一页。

准备好必要的证件

出国先办护照

护照是一个国家的公民出入本国国境和到国外旅行或居留时，由本国颁发的一种证明该公民国籍和身份的合法证件。护照也就相当于你在国外的身份证，用来证明你是中国公民，如果在国外遇到意外情况，中国驻外大使馆会出面保护你，并为你解决困难。

如果你需要出国，那么就必须要办理护照。如果你已经持有护照，但有效期不满6个月，也需要更换护照。因办理证件需要些时间，最好在出国前2个月就开始着手办理。

根据最新的规定，全国现在共有43个城市的外地人可以携带本人有效身份证或户口簿在当地办理护照，其他城市的人则需要携带有效身份证或户口簿在本人户口所在地办理。可以就近办理护照的城市有：北京、天津、石家庄、太原、呼和浩特、沈阳、大连、长春、哈尔滨、上海、南京、杭州、宁波、合肥、福州、厦门、南昌、济南、青岛、郑州、武汉、长沙、广州、深圳、南宁、海口、重庆、成都、贵阳、昆明、西安、无锡、常州、苏州、温州、嘉兴、舟山、泉州、株洲、湘潭、珠海、东莞、佛山。

办理护照流程

1.携带本人身份证或户口簿到户口所在地（可就近办理护照的43个城市除外）的县级和县级以上的派出所、公安分县局出入境管理部门领取《中国公民因私出国（境）申请审批表》，也可以到网上下载《中国公民因私出国（境）申请审批表》。

下载网址：www.bjgaj.gov.cn

2.填写申请表。

3.提交申请表。携带本人身份证或者户口簿相应证件；填写完整的申请表原件；符合要求的彩色照片2张（需在出入境管理处或者是他们指定的照相馆照相）。

4.领取护照。公安局出入境管理处受理申请后，审批、制作和签发护照的时间是10～15个工作日。领取护照时，须携带本人身份证或者户口簿、领取护照回执和200元工本费。凡在回执上标明取证日期3个月内没有领取证件的，公安局出入境管理处将予以销毁。

办理阿根廷旅游签证

办理好护照后，就应该准备办理签证了。阿根廷签证政策比较严格，可分为旅游签证、商务签证、定居签证和工作签证等几种类型。

申请资料：有效期6个月以上的护照、1张照片、填好的签证申请表、往返机票、经济状况证明、邀请信等材料；办理程序：本人去使领馆递交护照、2张2寸彩色照片和申请表；签证费用：249元。

可以这样兑换货币

兑币分析

阿根廷的货币名称为比索（Peso），有纸币和硬币两种形式。阿根廷纸币的面额有2、5、10、20、50和100比索几种，硬币的面额有1Centavos、5Centavos、10Centavos、25Centavos、50Centavos和1比索几种。阿根廷现在对美元实行自由兑换体系，在机场或是在市区的银行都能进行美元的兑换。人民币在阿根廷不能用，所以如果携带人民币，还必须要进行货币兑换。

信用卡使用

在阿根廷使用信用卡是很普遍的，这里的市中心的餐馆、咖啡馆或购物中心都能接受Visa和Mastercard信用卡，但也有很多的地方不接受信用卡，所以游客在旅行之前，准备好充足的现金很重要。

中国银联卡

中国银联已经在阿根廷开通了ATM机取款业务，像阿根廷的布宜诺斯艾利斯的花旗银行(Citi Bank)里就有部分带有“银联”标志的取款机。但是这里的ATM取款机取款的手续费非常高，大概每进行一次交易要收取20～30比索的手续费。

小贴士

需要注意的是，阿根廷基本上没有旅行支票的兑换点，建议游客不要携带现金以外的货币。在兑换货币时，不要一次性用美元换太多的比索，因为这里有些地方也可以用美元付款。

准备行李的诀窍

去阿根廷旅游，携带的行李要尽可能轻便，一身轻装是旅游轻松自在的首要条件。另外，一些能在阿根廷当地买到的生活用品不妨到了那再买，这样不仅自己轻松，也省去了托运行李的麻烦。

阿根廷的气温跟中国的正好相反，所以一些在国内用的东西，在那里也同样适用，不过这个国家的纬度跨越比较大，有些地方气候温和，有些地方会比较冷，所以准备一些必要的衣物还是必不可少的。

行李准备的妥当与否在很大程度上决定了旅行的好坏，所以建议游客在旅行出发前几天先列个旅行物品清单，然后开始着手准备行李。

旅行物品清单

	名称	备注
必需物品	护照+签证	检查护照有效期是否超过6个月，记得复印备份
	现金、信用卡、中国银联卡	现金带少量美元即可
	飞机票	确认出发日期
	证件照	万一遗失证件，这个就派上大用场了
	背包	肩带手提包、带轮帆布包
	衣物	T恤、短裤、长衣长裤一套、沙滩衣裤带一套，内衣内裤、凉鞋、运动鞋各一双，易干、保暖的衣物多套，要根据气候情况而定
	照相机、DV	旅行拍照留恋都靠它
	药品	消暑类中成药、肠胃药、感冒药、消炎药
	充电转换器、手机、记忆卡	很难买到，带上为好
	雨具	雨伞或雨衣
选择性携带物品	指南针	在国家公园、保护区游玩时，带个指南针更为安全
	词典	在紧急时备用
	国际驾驶证	打算租车旅行时使用

阿根廷旅行的必备功课

在阿根廷如何通信

如何打电话

从中国拨打阿根廷电话：

00+国家区号+城市区号+号码，如打阿根廷布宜诺斯艾利斯电话12134567，则应拨打：0054+11+1234567

从阿根廷拨打中国电话：

00+国家区号+城市区号（去0）+号码，如从阿根廷拨打北京电话1234567，则应拨打：0086+10+1234567

如何上网

阿根廷布宜诺斯艾利斯市中心以及一些重要的城市都会设有网吧，但是在一些交通不太便利的地区，网吧会比较稀少。游客若想上网，可以去一些提供上网设备的酒店或旅舍，那里会提供免费的无线网络或宽带连接。此外，在很多的咖啡馆、酒店、快餐连锁店等地方都会提供免费的WIFI服务，但需要向店员拿取密码。

阿根廷用餐那些事

阿根廷是一个移民国家，因为有不同文化的植入，造成了阿根廷饮食文化的多元化。在这里，你不仅仅可以看到阿根廷本地的特产美食，在一些大型的餐厅里，你还能见到许多欧洲国家的菜式。

阿根廷的菜多以肉类为主，尤其是鱼、蟹、虾、鸡、蛋类、牛肉、羊肉、兔肉等。这里的人一般不喜欢口味太咸的菜，但特别偏爱具有辣味的菜，他们的主食以米和面为主。在蔬菜方面，他们最爱吃的是土豆、南瓜、西红柿、黄瓜、辣椒、洋葱等，也爱用胡椒粉、辣椒粉等作为调料。

烤肉是阿根廷最常见的美食，可以说，在这里见不到烤肉根本就是不可能的事，因为他们对烤、炸、煎等烹调方法制作的菜肴特别喜爱，所以在这里，有一些大型的烤肉馆聚集，烤肉的方法也是花样百出。

这里的人还特别喜爱中国的京菜、清真菜。在这里，你可以看到西瓜盅、软炸虾球、奶油黄瓜、烤肉、番茄牛肉、金丝海蟹、黄油煎鱼、辣子鸡丁、红烧牛肉、煎里脊土豆等，令人耳熟能详的风味菜肴。

阿根廷是一个盛产葡萄酒的国家，葡萄酒是阿根廷少不了的一大特色，这里的葡萄酒样式多、味道正宗，酒的度数也不大，是游客们钟爱的美酒之一。

阿根廷特色美食

炭烤王中王牛扒

炭烤王中王牛扒是阿根廷的一道特色美食，它所用的牛扒不需要腌制，只要在上面洒点盐，直接用炭火烤至七八分熟，烤成的牛扒外表略有点焦，吃起来外酥里嫩，里面还保留着肉汁。这种烤肉配上青菜一起吃，口感会更好，而且还不会显得油腻。

灌肠

灌肠又称“香肠”，种类很多，有一般的香肠、加入动物血的红黑色香肠、莫尔奇亚香肠和长长的卷起来的萨尔奇查香肠。这些灌肠制作简单，味道独特，是阿根廷人们最喜欢的一种美食。

恩帕纳达斯

恩帕纳达斯是阿根廷最具有代表性的一个点心。它外表看起来有点像馅饼，里面的馅是采用肉类、葡萄干、玉米、鸡蛋、橄榄等制成的，其外表皮呈金黄色，吃进嘴里，里面馅的香味溢满嘴中，让人倍感满足。这种恩帕纳达斯材料，每个人几乎吃两三个就饱了。

马黛茶

马黛茶是阿根廷的特色饮品，是用南美洲热带雨林的多年生木本植物马黛树的叶子加工而成的纯天然茶饮，与足球、探戈、烤肉并称阿根廷的四大“国宝”。马黛茶能起到增加人体细胞的血氧含量的作用，常喝马黛茶可以有效的预防“三高”症及糖尿病等。

Torrontes

Torrontes是阿根廷一种很有特色的葡萄酒，呈白色，它闻起来有花香，看起来有点像白比诺，小小的品尝一口，你绝对猜不到它是什么，只有细细的品过之后才能品味出其中的奥妙。这种酒非常适合与烤肉搭配在一起食用，这样一种香辣过瘾，一种清爽可口，简直是精心设计的绝配美食。

别具风味的阿根廷水果

葡萄

葡萄是阿根廷盛产的水果，又称“提子”，是浆果类水果。葡萄可以生吃，其色美、气香，味道非常可口，是世界“四大水果”之首。在阿根廷，葡萄除了可以作为人们日常食用的水果外，还可以用来酿酒，其酿制葡萄酒在世界上也是非常有名。

桃

桃是阿根廷的人比较喜欢的一种水果。它是一种以果实作为水果的植物，其花可以观赏，果实多汁，果肉有白色和黄色两种。在阿根廷，这种水果经常是人们饭后促消化的水果之一，有的地方还将其制成桃脯、罐头等食用。

苹果

苹果是阿根廷很常见的水果，属于落叶乔木，叶子椭圆形，花白色带有红晕，果实为圆形，味甜或略酸，成熟的苹果为红色。它的品种繁多，有丰富的营养成分，具有食疗、辅助治疗功能。

菠萝

菠萝是一种热带水果，其可食用部分主要由肉质增大之花序轴、螺旋状排列于外周的花组成。菠萝含有大量的果糖，葡萄糖，维生素B、C，磷，柠檬酸和蛋白酶等物质，味道甘甜，具有解暑止渴、消食止泻之功效，是夏季一种备人们喜爱的水果。

柠檬

柠檬又称柠果、洋柠檬、益母果等，其味道较酸，因而很少有人直接食用，但这种水果可以作为上等的调味料，用来调制饮料、菜肴；还可以将其用于化妆品和药品中。

枇杷

枇杷外表为圆形或椭圆形，其外果皮呈黄色或橙黄色，有柔毛，顶部有黑色宿存萼齿。食用时，只需将其最表面的外表皮除去。它的味道甘甜，里面有籽，可作为种子。

怎样找到合适的住处

阿根廷拥有不同等级的住宿地，从廉价的旅舍到高档的酒店应有尽有。在这里挑住宿地，游客可以根据自己的经济条件或是个人喜好来决定。如果你打算住廉价的旅舍，一般不需要提前预约，只需在入住的当天与旅舍老板取得联系，但游客最好亲自去旅舍里面看看，若是不喜欢还可以再做别的选择；选择中高低档的酒店可事先在网上查看一下，如果满意的话需要提前预订，阿根廷一间高级的豪华酒店客房费用一般在1000比索左右，而中档经济型酒店的费用一般为50～500比索。

需要注意的是，阿根廷的有些酒店不提供梳洗工具，在入住的时候，游客最好提前准备。

酒店

阿根廷酒店有等级的区分，随着等级的不同，其价格和服务也会有所不同。其中，廉价的酒店只有公共浴室和卫生间，没有私人淋浴；中档酒店相对廉价酒店的条件要好一些，各客房差不多都带有空调、浴室和卫生间；国际高档酒店的客房则是设施一应俱全，除了最基本的设施外，还配有游泳池和保健中心等。

公寓

比起酒店，公寓则是一种比较轻松的住宿地，虽然这些公寓同样有等级的区分，但是比起酒店，它的价格要显得合理很多。阿根廷的一些位于市中心的公寓一般住宿条件要好点，价格相对来说也比较贵，这些公寓里的设施一般都很齐全，住宿环境也很舒适；远离市中心的公寓要比市中心的价格便宜，对于设施方面来说，该有的设施差不多都有，环境也还不错，甚至有的地方还能看到市中心所看不到的别样风光。

宾馆

宾馆是一种比较安静的住宿地，在布宜诺斯艾利斯很多宾馆都建立在树木环绕的丛林中，这样的住宿地少了一丝大城市的喧嚣，多了很多大自然的闲静。在这样的住宿地环境下，人们的旅游生活也畅快了不少。这种住宿价格适中，住房设施相对齐备，是倍受外来游客钟爱的一种住宿方案。

旅舍

旅舍是一种经济型的住宿地，也是一种专为背包客准备的住宿。旅舍的高级客房有私人浴室等设施，有的还提供早餐；普通的单人或双人客房设施一般较为简单，没有私人浴室，只设有公共浴室。

用什么交通工具

从中国怎样前往阿根廷

飞机

阿根廷航空公司、LAN航空公司和中国航空公司均有航班往返于阿根廷，其中阿根廷航空公司是阿根廷最大的航空公司，它有来往于阿根廷以及拉丁美洲其余国家的航线。中国的北京、上海、广州等地都有往返于阿根廷的航线，中国飞往阿根廷的机票一般都很贵，游客可以登录一些订票网站比较价格后购买。

订票网站

艺龙：www.elong.com

携程：www.ctrip.com

廉价航空预订：www.tianxun.cn

阿根廷航空公司网站：www.aerolineas.com.ar

LAN航空公司网站：www.lan.com

汽车

阿根廷首都布宜诺斯艾利斯及一些大型的城市里都有汽车站，而且想找到这些站点也很容易。因为每个汽车站都设有各个汽车公司的售票处，售票处有标明各种汽车的行车方向、票价、发车时间，游客可以根据自己的需要选择相应的票种。阿根廷同一条路线上常常有几家公共汽车公司竞争，各种车的设备与票价也不同。其中，最便宜的是无空调车，到郊区去乘这种车就很好；而空调车票价则较贵，但座位舒服，适合长途旅行。

铁路

火车是一种便宜的交通方式，对于阿根廷来说，火车的选择性比较小，因为阿根廷自实现铁路民营化以来，长途路线几乎被废弃，现在主要运营的是与布宜诺斯艾利斯近郊连接的铁路线路。

阿根廷国内交通

阿根廷境内的交通非常发达，乘飞机、巴士都能方便快捷地到达大部分城市。而各个城市内，也有多种交通工具供游客选择，如公交、出租车、长途巴士等。

飞机

阿根廷的国内航线十分便利，除了阿根廷航空外，LAN航空也运营来往于阿根廷重要城市的航线。

淘宝达人不可错过的信息

阿根廷不仅有着迷人的风景，还有各式各样的精致商品。这里样式精美的商店众多，还有很多大型的购物中心，为顾客提供了不同类型的商品，其中包括具有当地特色的小礼品的现代商品。

在这里，你还可以买到很多的特产，像阿根廷的牛肉便是让人无法抗拒的土特产之一。此外，阿根廷的皮革制品以及羊毛制品等都是很不错的土特产品，银器和手工制品也都吸引着游客们的眼球。

阿根廷特产

牛肉

阿根廷是世界著名的畜牧业大国，牛、羊的数量居世界前列。阿根廷牛肉也与别处有所不同，它的原材料自是露天的围栏放牧的牛身上。这种牛肉味道自然、肉制鲜嫩，是游客们最爱的阿根廷土特产之一。

葡萄酒

阿根廷是世界上葡萄酒的生产与消费大国，其葡萄酒产量在全球第四、五位之间。这里的葡萄酒都是选用最新鲜的葡萄酿制而成，味道纯正，所含的酒精少适合各个年龄段的人群饮用。

玫瑰果油

阿根廷的玫瑰果油品质绝佳，是将玫瑰籽由冷榨而得到的。它使用方便，有保护皮肤的功效。

马黛茶

马黛茶也是阿根廷的一大特产，它被阿根廷誉为 “国宝”、“国茶”。这种茶味道芳香清淡，有显著的提神及补充营养的功效，因此它深受人们的喜爱。

阿根廷主要购物区

布宜诺斯艾利斯市中心地区、门多萨的一些购物街区（主要是阿尔韦迪步行街）、弗罗里达大街、圣菲大道、科尔多瓦市中心地区、马德普拉塔、罗塞里奥中心区，都是不错的购物地。

娱乐达人新发现

说起阿根廷，除了美酒之外，最让人难忘的便是这里的探戈，其重要程度甚至可以与中国的麻将相提并论。在这里，无论是白天还是夜晚，你都可以看到精彩绝伦的探戈舞表演，因为它是阿根廷人一项非常重要的娱乐活动。

当然，阿根廷的娱乐活动远远不止这些。阿根廷的娱乐活动虽然不分白天和夜晚，但是阿根廷人却更喜欢夜间的活动，因此在阿根廷，很多的地方都是晚上营业。这时候，你可以听到唯美诱惑的探戈乐曲，可以看到性感曼妙的舞姿，这些都会让平静的夜晚散发出浓浓的热情。如果你酷爱安静，还可以去一个自己喜欢的SPA馆，享受他们周到的服务。

探戈观看地推荐

名称	地址	电话
Tango Porteno	Piazzolla Tango	011-41249400
Madero Tango	Av Elvira Rawson de Dellepiane，Capital Federal	011-52393009
Cafe Tortoni	Av de Mayo 825，Buenos Aires	011-43424328
Piazzolla Tango	Florida 165，Buenos Aires	011-43448201

SPA店推荐

名称	地址	电话
Nahuen Spa	Calle 87 335， Necochea， Buenos Aires	011-22622323
Sol de Piedra	Obispo Trejo 628，Cordoba	351-4211056
Castelar	Hipolito Yrigoyen，Buenos Aires	011-43835000
Takefull Spa	Av Luis Maria Campos 1486， Buenos Aires	011-47889436
HA Posadas Urbano	Bolivar 2176，Misiones	376-4443800
Le Petit Spa	Lavalle 1783， Buenos Aires	011-43728408

阿根廷旅行应急攻略

丢东西了怎么办

意外情况是旅游过程中难免会遇到的，尤其是在国外旅游，意外事故几乎到处都会发生，而且会比较麻烦。因此在出发之前，一定要事先想好可能会遇到的状况，并做好相应的预防措施。比如为了防止相关证件丢失，可以提前准备几份复印件；又如带些治感冒、消炎、肠胃调节等药品，以防意外生病的情况等。

护照遗失怎么办

如果护照丢失，首先要做的是立即报警，警察会将你丢失的证件号码一一记录，然后给你一个报案号码小卡片，以表示你的护照遗失。你可凭警方出具的护照报失单及登报启事影印件向中国驻阿根廷大使馆或总领事馆申请补发护照或旅行证。想补发护照，需提交中国驻阿根廷大使领馆签发的《中华人民共和国旅行证》，提交户口簿、身份证原件和相应复印件，之后在办理证件所在的公安局出入境管理处与遗失地中国驻外使领馆核实后补发。

行李丢失怎么办

在饭店、汽车或火车上，行李被偷或丢失，饭店或铁路会给你开具丢失证明，但是不会给你赔偿，因此一定要看好自己的行李。

如果在飞机上丢失行李，在你办理了正规托运手续的前提下，机场会让你先填写一份行李遗失表，然后会帮你先找寻丢失行李。登记完遗失表后最好保留一份副本，如果你的行李没有被找到的话，航空公司会按照合同给予你相应的赔偿。

信用卡丢失怎么办

出国前，最好先确认发卡银行的挂失止付电话。如果你在阿根廷丢失了信用卡，便可立刻打电话回中国国内发卡银行挂失止付。假如你带有足够的现金和旅行支票，那就等回国后再申请补发。此外，你也可以将地址告诉发卡银行，让他们把补发的信用卡寄过来，但一般需要一周到10天的时间。

发生这些事怎么办

遇到小偷怎么办

在遇到小偷时你首先一定要马上向当地警察报案，如果是在街上发生这样的事，千万不要自己尝试去抓小偷，这是对自己的保护。而如果是在住处遗失物品，就要马上通知酒店人员，如果不能妥善解决，就要找警察前来处理。如果是丢失了贵重物品，还要申请被盗证明书，以便以后向保险公司申请索赔。

生病了怎么办

出发前，可以准备一些常见的药品，如感冒药、肠胃药等。如果只是感冒等小问题，可以自己按照说明吃点药，然后再好好睡上一觉，补充体力。如果有些慢性病，就要在国内带足药，并记得携带有英文的诊断书，万一有事，当地的医生就可以尽快做出判断。

如果在旅馆感觉身体不适，可求助于旅馆的工作人员，要求他们尽量安排医生前来就诊或者到送你到就近的医院就医。如果在旅行的路途不舒服，应让身边的人叫救护车或者直接前往就近的医院。

迷路了怎么办

在旅游途中若发现自己迷了路，应立即停下观察周围环境，仔细回忆走过路程的一些地理特征，不要盲目前行。如果有地图或指南针，先找出自己大概的位置和住宿地的方向，看看周围有没有与地理标识相符的地理特征。实在不行，可以打电话向警察求救。如果旁边有人，则可以礼貌地询问。

应急语言有哪些

阿根廷日常用语

汉语	西班牙语
早上好	Buenos dias
晚安	Buenas noches
打扰一下	perdoneme
谢谢	gracias
再见	adios
对不起	Lo siento
多少钱	Cu ά nto
在哪里?	Donde
是/不是	es/no
厕所	baño

阿根廷常见词汇

汉语	西班牙语
商店	La tienda
男	los
女	las
博物馆	El museo
机场	En el aeropuerto de
公园	El parque
教堂	La iglesia

阿根廷常见路标指示

汉语	西班牙语
小心	Ten cuidado
停止	Deja de
让路	Abran paso
车速限制	El limite de
靠右/靠左	Por la derecha/Mantengase a la izquierda
路/街	El camino/La calle
车辆不得进入	No deben entrar en vehiculos de
出口/入口	Las exportaciones de/La entrada
减速	frenar
高速公路	La autopista
东西南北	Algo entre el norte y el sur
城市中心	El centro de la ciudad

畅游阿根廷的3种玩法

5日经典游

Day1～2：五月广场

五月广场是阿根廷的标志性建筑，也是阿根廷首都布宜诺斯艾利斯的中心建筑，在这一带有很多著名的景点。因此，将这里作为阿根廷之行的第一站是一个最佳的选择。第一天的时候，可以首先来五月广场逛一圈，顺便还可以参观广场旁边的玫瑰宫、国民议会大厦以及议会大厦广场等建筑这些建筑都相隔很近，不用来回倒车，步行就可参观。如果你的精力足够充沛，还可以顺便将科隆剧院、萨米恩托故居纳入自己的行程。

到了第二天，你可以参观雷科莱塔墓地，可以游览国家美术馆，还可以参观国家装饰艺术博物馆和巴勒莫公园。

Day3：科尔多瓦

第三天，你可以前往科尔多瓦市中心参观。在这里，你可以看看大教堂、市政厅、宗教艺术博物馆，还可以参观阿根廷最古老的国立科尔多瓦大学。

Day4：门多萨

第四天，你旅行的脚步可以来到门多萨。在这里，你首先可以参观圣马丁公园，然后可以看看历史博物馆或是乡土博物馆。如果你喜欢购物，这里还有一条著名的阿尔韦迪步行街可以闲逛。

Day5：萨尔塔

逛完了门多萨，可以前往萨尔塔。第五天上午，不妨先到大教堂和它的附近转一转，科学博物馆、历史博物馆等，在这里你都可以看到。下午的时候，你可以参观省美术馆和乌里武鲁总统博物馆等景点。

8日 精华游

Day1～2：布宜诺斯艾利斯

对于每一个来到阿根廷的游客来说，布宜诺斯艾利斯是不可缺少的一站，也是旅游的第一站。在这里，你不花上两天的时间是不够的，这里的景点很多，需要我们用心的去感受。这里的景点分布很均匀，在游玩的时候，我们可以先将五月广场作为第一天的行程，因为它附近的景点很多，而且相隔很近，非常适合刚来到这里的游客参观。第二天，当你没了乘坐交通工具后的疲惫后，可以到离布宜诺斯艾利斯中心地区稍远的地方参观，转转公园、博物馆。

Day3：门多萨

第三天，来到门多萨，圣马丁公园是不能错过的一个景点。这个公园集观光旅游与休闲娱乐于一身，给游客塑造了不一样的自然景观。逛完了公园，可以看看圣马丁公园附近的动物园，还可以到这里几个著名的博物馆参观。

Day4：胡胡伊

第四天到来之际，你就可以开始在胡胡伊进行短暂的旅行。首先你可以去乌马瓦拉峡谷，游览是胡胡伊最美丽的地方，亲眼目睹想象之中的七彩山。

Day5～6：圣卡洛斯—德巴里洛切

从胡胡伊离开之后，紧接着就可以前往圣卡洛斯—德巴里洛切了。这个地方山川很多，著名的奥托山和卡特德拉尔山就是在这里，两天的时间，你可以将这里的山川美景玩个够。

Day7～8：米西奥斯内斯

来到米西奥斯内斯，先不要急着找旅游景点游玩，可以先稍作休息，然后再去这里的旅游景点参观。在这里，你可以看到伊瓜苏公园和令人震撼的伊瓜苏瀑布。

10日
深度游

Day1～3：布宜诺斯艾利斯

这次游玩的时间充足，你也有足够的时间观看阿根廷的特色建筑。开始的两天，乘着位置的方便，你可以在布宜诺斯艾利斯作短暂的停留。第一天，就在五月广场的周边转转，5月金字塔、首都大教堂以及玫瑰宫都在这边；在它不远处的地方，还有议会大厦广场等建筑，足够丰足你第一天的行程。第二天，你可以到布宜诺斯艾利斯别的地方参观，来科隆剧院看一次特色的表演，去萨米恩托故居作一次别样的参观；也可以到雷科莱塔墓地去瞻仰一下贵族公墓。第三天，公园和博物馆是最重要的旅游景点，巴勒莫公园、国家美术馆等是这天最主要的参观地。

Day4～5：科尔多瓦

第四天，你可以先去科尔多瓦的圣史克人工湖，这里的山景比较有名，也有很多的疗养地，你可以在这里放松身心。第五天，你可以再去拉昆瀑布雷西塔，那里溪流环绕，环境静谧，可以去感受别样的小镇风情。

Day6：门多萨

从科尔多瓦离开后，紧接着就可以前往门多萨了。在这里，花上一天的时间，便可将圣马丁公园、历史博物馆等众多景点一次游览完。

Day7：萨尔塔

在萨尔塔，你可以花一天的时间将这里的大教堂、省美术馆、乌里武鲁总统博物馆等建筑细细的参观。

Day8：胡胡伊

在胡胡伊，你可以先花半天的时间来乌马瓦拉峡谷游览，这里美丽的七彩山，肯定让你大开眼界；之后的半天，你可以选择参观一下它附近别的景点，像考古学博物馆等都是不错的选择。

Day9～10：圣卡洛斯—德巴里洛切

若说领略阿根廷的山川风光，这里无疑是一个最佳的选择。在这里，你暂且花上两天的时间体验一下。这里的奥托山适合登山爬行，卡特德拉尔山是滑雪胜地，而纳韦尔瓦皮国家公园则是观光游览的宝地，足以让你玩爽。

● 拉普拉塔

Part1 布宜诺斯艾利斯旅游圈

035-068

布宜诺斯艾利斯是阿根廷的首都，它是阿根廷的政治、经济中心，也是阿根廷最大的城市。这个城市在四个半世纪以前还是一片荒凉的草原，自从欧洲移民开始在这里生活后，便逐渐发展成为一个与欧洲风格有些类似的城市，让它成了名副其实的“南美巴黎”。

●国民议会大厦

布宜诺斯艾利斯市中心景点

五月广场

观光指数：★★★★★　　推荐指数：★★★★★

五月广场（Plaza de Mayo）的前身是“大广场”，又被称作“胜利广场”，以阿根廷人民发起的反对西班牙殖民统治的独立斗争“五月革命”而命名。它是阿根廷的象征，见证了阿根廷共和国的发展，在阿根廷人的眼中有极重要的地位。这个被视为阿根廷心脏的广场建造于1580年，与布宜诺斯艾利斯城市诞生于同一年代。在这里，你可以看到有关阿根廷几百年来各种历史政治时期的记载。除了它的历史欣赏价值外，这个广场也很贴近民众生活，每逢周末，广场上经常会有阿根廷人举行纪念日游行、为各种灾害进行民间筹款和艺术表演等活动，好不热闹。

资讯信息

地址： Hipolito Yrigoyen 400 Buenos Aires
交通： 乘地铁A线到Plaza de Mayo站下车可到，或乘56、61、105等公交车可到
门票： 免费
开放时间： 全天

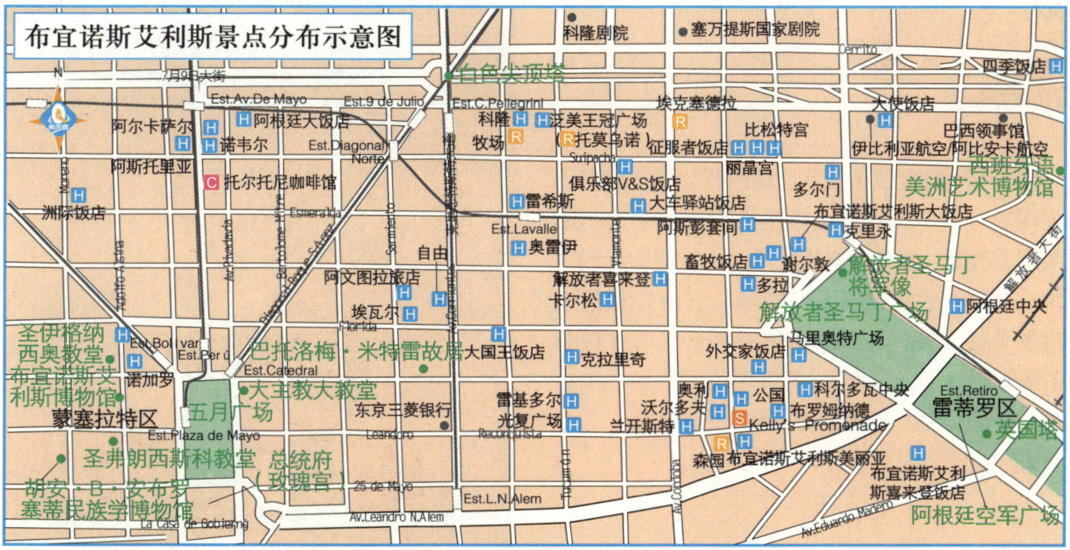

亲历者体验 FOLLOW ME

五月广场以其独特的魅力吸引着众多的国内外游客。这里是布宜诺斯艾利斯最重要的经济文化中心，有很多穿着时尚的年轻人经常出没。在这里，你可以坐在广场边上的咖啡屋，静静看人来人往，在热闹中寻找一份静谧。

了解点历史掌故

五月广场的历史，可以追溯到亚松森代理总督胡安·德卡拉伊时期，他于1580年开始修建广场。1661年的时候，阿莫斯广场（Plaza de Armas）建成；1804年时，维多利亚广场（Plaza de la Victoria）形成，宣告五月广场建设完工，当时的五月广场就一直由这两个分开的广场组成。1811年时，广场进行了重新规划，形成了一个全新的五月广场，也就是我们现在所看到的广场。

同时可以游览

五月金字塔

五月金字塔屹立在五月广场的中心，是一座金字塔型的纪念碑，为了纪念1810年布宜诺斯艾利斯人民发动的为争取独立和自由的五月革命而修建。金字塔顶上有自由女神的塑像，这是当时的人们渴望自由的象征。

地址： Hipolito Yrigoyen 400 Buenos Aires
交通： 乘地铁A线到Plaza de Mayo站下车可到，或乘56、61、105路等公交车可到
门票： 免费
开放时间： 全天

● 五月金字塔

首都大教堂

首都大教堂位于五月广场的西北角，他们之间隔着一条马路。这座教堂是布宜诺斯艾利斯最大的教堂，也是一座历史悠久、规模宏大的教堂。首都大教堂建成于1723年，它由12根高大的罗马柱支撑，在教堂的顶部有一个15度锐角的等腰三角形，三角形上雕刻着圣经上讲述的故事，栩栩如生，充满着浓郁的古罗马气息。

地址： San Martin 42 Buenos Aires

玫瑰宫

观光指数：★★★★★　　推荐指数：★★★★★

资讯信息

地址： HipAslito Yrigoyen 219 Microcentro，Buenous Aires

门票： 免费

开放时间： 周一至周五10:00～18:00，周日14:00～18:00

玫瑰宫（La Casa de Gobierno）也叫“总统府”，因为这座建筑周身都涂满了红色的涂料，西班牙语的名字又是“玫瑰色的屋子”，因此得名“玫瑰宫”。玫瑰宫是布宜诺斯艾利斯的一座西班牙洛可可式的建筑，极具历史价值，又融合了多个国家的建筑艺术不仅有意大利风格的建筑体，还有法国风格的楼梯、装饰物，因而是人们特别钟爱的一个地方。总统府东楼的地下一层还有博物馆，里面展出的主要是阿根廷历任总统的私人物品，其中最著名的当属庇隆夫人的珠宝。

亲历者体验 FOLLOW ME

1.美丽的玫瑰宫

玫瑰宫周身都是红色，是阿根廷历代的总统吩咐涂漆而成，远远看去，它就像是一个红屋，美丽而且魅惑。

2.电影文化

玫瑰宫不仅是一个美丽的景点，这里曾经也是一个电影拍摄的地方。著名的电影《阿根廷，不要为我哭泣》中的庇隆夫人站在右手第二阳台上对国民演说的那一幕，就是在这里拍摄的。

了解点历史掌故

1594年，这里开始修建一个堡垒。1713年，经过改建后，这里成了西班牙统治者的行政指挥中心。1820年，阿根廷第一任总统下令对堡垒即当时的总统府进行了改建。1894年，总统府的主体面貌基本形成。1898年，阿根廷第二任总统任职期间，正式宣布把玫瑰宫作为总统及政府总理的办公之地。

玫瑰宫的主要大厅

白厅（Salon Blanco）：原来的厅内装饰皆为白色，故名白厅。白厅是玫瑰宫内最重要的大厅，是总统上任交接，政府部长就职宣誓的场所。另外，阿根廷总统接见外国元首、大使等重要国事活动都在此厅举行。

北厅（Salon Norte）：该厅是总统和内阁总理召集政府部长讨论国事的地方。总统和内阁总理也会在此约见各省政要、召开记者会。

荣誉厅（Galeria de Bustos）：该厅陈列了1810年以来历届总统的半身大理石塑像。

同时可以游览

玫瑰宫博物馆

玫瑰宫博物馆建立在玫瑰宫东楼的地下一层，馆内主要收藏历任总统使用过的私人用品，以及他们的肖像、雕塑等。馆内的藏品包括多明戈·萨尔缅多总统使用过的椅子，胡里奥·罗伽、伊利果杨、乌里布鲁总统使用过的专车，以及历届总统使用过的制服、绶带持杖等。

地址： HipAslito Yrigoyen 219 Microcentro，Buenous Aires
门票： 免费
开放时间： 周一至周五10:00～18:00，周日14:00～18:00

议会大厦广场

观光指数：★★★★★　　推荐指数：★★★★★

议会大厦广场（Plaza del Congreso）位于五月广场的最西边，广场上四处可见觅食的鸽子和喂鸽子的人。广场上矗立着1813年制宪大会和1816年议会两届议会的纪念碑，上面有神鹰和天使的装饰。此外，在广场上还有喷泉以及罗丹《思想者》雕像的复制品。

资讯信息

地址： Monserrat Buenos Aires，Buenous Aires

交通： 乘坐地铁A线到Estation Saenz Pena站下车可到；或乘5、6、12路等公交车可到

亲历者体验 FOLLOW ME

议会大厦广场是一个非常有艺术气息的地方，在广场上走一圈，你会发现这里的魅力远远不是我们想象中的那么简单。来到这里，你可以欣赏广场上独特的建筑，可以漫步在巨大的喷泉旁边，还可以亲自体验一下喂鸽子的乐趣。

国民议会大厦

观光指数：★★★★★　　推荐指数：★★★★★

国民议会大厦（Palacio del Congreso Nacional）位于议会大厦广场的西端，是一座意大利学院派风格的建筑，其建成费用超过原先计划的两倍。大厦共有4层，以白色大理石装饰墙面，有带雕饰的希腊式立柱环绕。它借鉴了华盛顿国会大厦的风格。大厦前面的两会纪念碑气势宏伟，工艺精美。

资讯信息

地址： Hipolito Yrigoyen 1849，Buenous Aires

交通： 乘地铁A线到Congreso或Saenz Pena站下车即到

门票： 免费

开放时间： 11:00～16:00

网址： www.congreso.gov.ar

亲历者体验 FOLLOW ME

据说国民议会大厦曾经有过一段灰暗的岁月，在1976年魏地拉将军统治时，这里被无限期的关闭。如今的议会大厦夜间灯火辉煌，似乎是要将那段阴暗的岁月从人们的记忆中驱逐。

科隆剧院

观光指数：★★★★★　　推荐指数：★★★★★

科隆剧院（Teatro Colon）是全世界5大著名剧院之一，其地位仅次于意大利米兰的斯卡拉歌剧院，它与意大利米兰的斯卡拉歌剧院以及巴黎国家歌剧院并称为“世界三大剧院”。该剧院是一座典型的文艺复兴式风格的建筑，内部设有2500个观众座席、500个站立观众席位。剧院内还容纳了众多的音乐学校、舞蹈学校、舞美设计学校，以及图书馆、档案馆、声乐艺术博物馆、古乐器博物馆等。世界第一流的剧团、芭蕾舞团以及著名的歌唱家、钢琴家、芭蕾舞大师、歌剧明星等，都曾来这里演出过。

资讯信息

地址： Libertad 621，Buenous Aires
交通： 乘地铁D线到Tribunales站下车可到
门票： 110比索
开放时间： 9:00～17:00
网址： www.teatrocolon.org.ar

亲历者体验 FOLLOW ME

科隆剧院的座位与座位之间十分宽敞，座椅也很舒适，音响效果更是完美绝妙，有人甚至说过：“科隆剧院唯一的缺点就是它的音响效果如此完美，以至于一个小小的失误也会被听的一清二楚。”所以，有机会一定要在这个顶级的剧院内，欣赏一场完美的演出，尽情享受艺术带给人的美好时光。

同时可以游览

阿根廷高级法院

阿根廷高级法院是由法国建筑师Norbert Maillart 于1906年设计，后经过不断地改建和装饰，直到1942年，高级法院才全部建设完成。这座建筑最值得一提的是建筑中的正义雕塑，它由Rogelio Yrurtia、Jose de San Martin和 Luis Perlotti三位大师共同设计完成，具有独特的意义。

地址： Talcahuano 550 Congreso，Buenous Aires

萨米恩托故居

观光指数：★★★★★　　推荐指数：★★★★★

萨米恩托故居（Casa de Sarmiento）是阿根廷共和国第五任总统——多明戈・福斯蒂诺・萨米恩托曾经生活过的地方，也是一个很有纪念意义的博物馆。馆内收藏了众多与阿根廷第五任总统萨米恩托有关的历史藏品，现如今，我们还能在这座故居中寻找到很多那位总统留下的历史足迹。

资讯信息

地址：Sarmiento Sur 21，Buenous Aires

交通：乘坐地铁D线在Estacion Tribunales站可到；或乘5、6、23路等公交车可到

网址：www.casanatalsarmiento.com.ar

亲历者体验 FOLLOW ME

来到这里，我们能清清楚楚的看到萨米恩托在这里生活的影像，它像一部电影一般的清晰，能让我们了解到一段在历史课本中也无法看到的岁月。

人物相关

萨米恩托在1868年至1874年任阿根廷共和国的总统。他是一个很难判别清楚的人。在位期间，他实行了大幅度教育改革，使当时的阿根廷的教育发生了很大的改善，被人称为“教育之父”。但是另一方面，他为了使奥尔文化成为主流文化，对高乔人进行了彻底的排斥，使高乔人受到了整个国家的人民的排斥。

雷科莱塔墓地

观光指数：★★★★★　　推荐指数：★★★★★

雷科莱塔墓地（Cementerios Recoleta）又叫“贵族公墓”，这是雷科莱塔区最有名的一个景点，也是布宜诺斯艾利斯的第一大景点。这座墓地座落在市中心，里面埋葬的都是一些政界要人、阿根廷历史上的英雄以及在商界具有巨大影响力的富贵家族成员。这里的墓穴很有特色，有各式各样的建造风格，如同一个小型的欧洲建筑展。在这里游客除了可以看到墓穴，还可以看到很多为逝去的人所建造的雕塑。

资讯信息

地址： Recoleta Cemetery，Buenous Aires
交通： 乘坐10、17、37路公交车可到
门票： 免费
开放时间： 7:00～17:45

亲历者体验 FOLLOW ME

阿根廷是一个比较特殊的国家，在雷科莱塔墓地你就可以见识到了这一点。这里的墓地一般修建得都比较好，那是因为他们对死亡纪念之重视要远远超过对出生时的庆祝。他们认为出生时还什么都不是，只有在死亡时，人生的意义才会得到完整的显现。而墓地修建的豪华，是他们给予死者的一种最高的荣誉。

同时可以游览

柱状圣母小教堂

柱状圣母小教堂（Basilica Menor de Nuestra Senora de Pilar）位于雷科莱塔墓地入口的右侧，是一座塔式建筑。这座教堂的建筑很有特点，有一座设有大钟的高塔，这座塔被视为拉普拉塔河行船人的航标；教堂内还有众多的装饰品。此外，教堂的旁边还有一个文化中心，这里对阿根廷的市民和外来游客开放。

地址： Buenos Aires Province，Buenous Aires

国家美术馆

观光指数：★★★★★　　推荐指数：★★★★★

阿根廷的艺术家们认为能在国家美术馆（Museo Nacionald Bellas Artes）中展示自己的作品是一件很荣耀的事。这座博物馆收集了有名的绘画、雕刻、挂毯等艺术品共有1万多件，其中除了有阿根廷国内一些名家的作品外，还有不少其他国家的名家作品，这些作品的存在使得这个美术馆的等级得到了很大提升。

资讯信息

地址： Av.enida del Libertador 1473 Capital Federal，Buenous Aires

交通： 乘坐17、61、62路公交车可到

门票： 免费

开放时间： 周二、周五、周日12:30～19:30，周六9:00～19:00

网址： www.mnba.org.ar

亲历者体验 FOLLOW ME

国家美术馆是阿根廷一个很有品位的地方，在这里收藏的艺术品大多数都是一些国际名家的名作，这使得这座美术馆成了艺术家们十分追捧的地方。在这里游览一圈，入目的皆是一些大作，让人大开眼界。

国家装饰艺术博物馆

观光指数：★★★★★　　推荐指数：★★★★★

国家装饰艺术博物馆（Museo Nacional de Arte Decorativo）位于阿根廷的首都布宜诺斯艾利斯内，建于1911年，原来是一座私人底邸。这座博物馆被称为是布宜诺斯艾利斯市内最漂亮的市的建筑物，里面展示了路易十六时期的家具以及日用品等，还有众多东方美术作品。在2004年的时候，这里展出的青铜器原件共有100件，涵盖了中国古代的兵器、乐器和生活器具等。

资讯信息

地址： Av.enida del Libertador 1902，Buenos Aires

交通： 乘坐10、21、37路公交车可到

门票： 2比索

开放时间： 14:00～19:00

网址： www.mnad.org

亲历者体验 FOLLOW ME

国家装饰艺术博物馆一共有两层，每一层都各有千秋。其中一层展示的是路易十六时期的家具及日用品，二层展示的则是东方的美术作品。这两种不同的文化与不同的风格，让游客们大饱眼福。

同时可以游览

“何塞·埃尔南德斯”博物馆

“何塞·埃尔南德斯”博物馆距离装饰艺术博物馆仅仅只用步行几分钟。何塞·埃尔南德斯是“高乔文化”的杰作——《马丁费埃罗》的作者，这座博物馆便是以他的名字命名。这座博物馆内主要收藏的是一些与高乔人有关的物品，还有阿根廷独特的银器和民间艺术品。

巴勒莫公园

观光指数：★★★★★　　推荐指数：★★★★★

巴勒莫公园（Parque Tres de Febrero）位于布宜诺斯艾利斯的巴勒莫地区解放者大道和菲罗格亚阿尔科塔大街中间，是一个美丽的城市公园，这里最有特色的地方是森林、小湖泊和玫瑰园。在这里，人们可以步行或骑自行车游览公园，可以在人工湖上泛舟，还可以在玫瑰园里欣赏艳丽的花朵。另外，公园的湖边还有个诗人花园，里面有路易斯·博尔赫斯威廉·莎士比亚等众多知名诗人的石雕和半身铜像。

资讯信息

地址： cnr Av.s del Libertador & de la Infanta Isabel Palermo，Buenous Aires

交通： 乘坐地铁F、C、G线到Estacion 3 de Febrero下车可到，或乘10、34、37路公交车可到

亲历者体验 FOLLOW ME

巴勒莫公园是一个很有艺术气息的地方。在这里，不论是在公园大道上漫步，还是泛舟人工湖中，你都能找到一种非常特殊的感觉。就好像自己突然置身于诗意的山水间，而你面对的就是如诗如画的画卷。

同时可以游览

纪念碑

纪念碑（Menumento a La Carta Magnay Las Cuatro Regiones Argentinas）是为了纪念五月革命100周年而建造的纪念碑，被巴勒莫公园和动物园围绕着。在纪念碑附近的圆池中有4座青铜像，代表了阿根廷国家四个重要的部分。

地址： Av. Sarmiento

布宜诺斯艾利斯周边景点

蒂格雷

观光指数：★★★★★　　推荐指数：★★★★★

蒂格雷（Tigre）位于布宜诺斯艾利斯北部29千米处，是布宜诺斯艾利斯附近一个比较亲近大自然的地区，每逢周末的时候，这里就会有一大群人结伴来钓鱼、划船、巡河游览、散步，十分热闹。这里的景色很美，像一幅美丽的风景画，河边有一座被绿色树木包围的别墅，其造型非常可爱。

资讯信息

地址： Buenos Aires Argentina

交通： 乘坐地铁F、G、B线在Estacion Tigre站下车可到，或乘60路公交可到

网址： www.tigre.gov.ar

亲历者体验 FOLLOW ME

1.不错的旅游胜地

蒂格雷是一个很适合旅游的地方。这里有美丽的风景，你可以在这里体验一般旅游景点中没有的魅力。在无聊时你可以在河边散散步，或者拿上一根鱼竿，享受一下钓鱼的乐趣。

2.沿岸公园不可错过

在蒂格雷车站附近有一座游乐园，名为沿岸公园（Parque de la Costa）。这座公园有过山车等经典的娱乐项目，还有令人耳目一新的马戏表演。在这里游客可以尽情的乘船游河，体验无限的乐趣。

拉普拉塔

观光指数：★★★★　　推荐指数：★★★★

拉普拉塔（La Plata）是阿根廷的港口和工业城市，也是布宜诺斯艾利斯省的省会。它位于布宜诺斯艾利斯市东南56千米处，以种植小麦、玉米，饲养牛、羊等为主要畜牧业，工业则以面粉、肉类加工和炼油为主。此外，这里的钢铁、造船、化学、电子、纺织等工业也很发达。拉普拉塔市区以莫雷诺广场为中心，地带繁华，所有的街道都很美观，现代建筑林立。

资讯信息

地址： Argentina Buenos Aires province

交通： 乘坐129路公交车在Estacion Constitucion站下车可到

同时可以游览

拉普拉塔大教堂

拉普拉塔大教堂(Catedral de la Plata)是拉普拉塔地区一座最美丽的教堂。它位于Plaza Moreno广场上，据说建造这座教堂耗费的时间特别长，前后约修建了上百年，直到2000年才最终完工。

地址： Calle 14 e/51 y 53， La Plata， Argentina

拉普拉塔博物馆

拉普拉塔博物馆(Museo de la Plata)是一座古老而不失特色的建筑，内部收藏了很多精彩而有趣的展览品供游客观赏，像昆虫标本、木乃伊和恐龙骨架等都是这里常见的展览品。

地址： 115 – Paseo del Bosque， La Plata B1900FWA

开放时间： 周二至周日9:00～18:00

卢汉

观光指数：★★★★ 推荐指数：★★★★

卢汉（Lujan）是一座历史悠久的城市，由胡安·德加莱伊在1560年建造，距今已有450多年的历史。这里有很多著名的景点，如卢汉天主教堂、卢汉动物园、历史博物馆等，这些景点每年都会吸引一大批游客来此参观。

资讯信息

地址： Argentina Buenos Aires province，Buenous Aires

交通： 乘坐地铁F、C、D线即可到达

同时可以游览

卢汉动物园

卢汉动物园（Zoo de Lujan）是阿根廷一个很特殊的动物园，其独特之处在于允许游客与世界上最危险的动物近距离接触。目前，这座动物园拥有约50只阿根廷狮、20只孟加拉虎、12只美洲狮、50只不同种类的南美洲猴子。它们看上去似乎都很温顺，但那是因为动物园的管理员们对它们采用了合理的驯化措施，才使得它们能与游客和平共处。

地址： Au. Acceso Oeste Lujan Buenos Aires

卢汉天主教堂

卢汉天主教堂（Nuestra Senora de Lujan）始建于1887年，是一座典型的哥特式建筑。教堂的内部金碧辉煌，巨大的窗户上嵌着五彩玻璃，显得华丽而庄重。教堂的外部有高高的台阶，上面耸立着十几米高的拱形大门，让这座教堂显得格外与众不同。

地址： San Martin 51, B6700APA Lujan, Buenos Aires

电话： 2323-420058

网址： www.basilicadelujan.org.ar

布宜诺斯艾利斯旅游资讯

自助游必须掌握的交通

航空

布宜诺斯艾利斯有两个机场，一个主要经营国际航线的埃塞萨国际机场（Aeropuerto Internacional Ezeiza，EZE），另一个是主要运营国内航线的豪尔赫·纽贝里机场(Aeroparque Jorge Newbery，AEP)。这两个机场都有国际和国内航班停靠，但埃塞萨国际机场以停靠国际航为主，豪尔赫·纽贝里机场以停靠国内航班为主。

埃塞萨国际机场

埃塞萨国际机场是布宜诺斯艾利斯最重要的一个机场，位于市中心往南约35千米处，大部分飞往布宜诺斯艾利斯的国际和国内航班都降落在这个机场。目前。中国有很多地方都有飞机到埃塞萨国际机场，但是没有直航，需要中转之后才可到达。这些中转的城市有很多，如巴黎、阿姆斯特丹、法兰克福等。该机场还设有VIP俱乐部以及货币兑换的地点，方便了游客的旅行生活。另外，要是累了的话，机场内还有用餐和休息的地点。

从机场前往市区的交通

名称	信息
雷米塞斯车	这是一种从机场到市内的包车，这种车车型大，干净舒适。这种车在机场B航站的到港大厅内有服务台，乘坐这种车必须要在机场内的服务台先申请，并付费后才可乘坐，其费用约为42比索
机场出租车	与一般地方的出租车不同，机场出租车为白色，到市中心的价格约为35比索。但是如果从市中心返回机场，提前打电话预约的话会有折扣，一般是20比索，乘出租车到市中心的时间约为40分钟
机场巴士	机场巴士的运营时间为6:00～次日0:45，大约每30～45分钟就有一班车，费用为16比索
小型公共汽车	小型公共汽车的线路是经过国民议会大厦、五月广场往博卡地区，这种车到市中心约2小时

豪尔赫·纽贝里机场

豪尔赫·纽贝里机场又名“乔治·纽伯里机场”，又被称为“霍尔赫纽贝里机场”。该机场距离市中心约4千米，是布宜诺斯艾利斯主要的机场，也是阿根廷总统专机指定的停靠机场，基本上只降落来自阿根廷和乌拉圭航空公司的航班。

从机场前往市区的交通

名称	信息
出租车	可以乘出租车前往布宜诺斯艾利斯市中心，费用为8～10比索，这里的出租车一般都设有里程表，但是游客在打车的时候还是要问清大致的车价
机场巴士	从机场到市中心的机场巴士大致车价为6比索

长途汽车

长途汽车是布宜诺斯艾利斯的人经常选择乘坐的一种交通工具，这里的长途汽车开往阿根廷国内一些主要的城市。长途汽车的汽车票可以在巴士总站的巴士公司服务台购买，十分方便。

Retiro车站是布宜诺斯艾利斯的长途汽车总站，这里有国际和阿根廷国内的班车，这个车站的地址在Avs Antartida Argentina与Ramos Mejia的交叉路口，周一至周六的7:30～13:00营业，乘客可以拨打他们的电话011-43100700进行票价查询。

开往其他国家的汽车

国家	城市	所需时间	票价
乌拉圭	亚松森	18小时	152比索
	蒙得维的亚	8小时	152比索
	埃斯特角城	10小时	193比索
巴西	福斯-杜伊瓜苏	19小时	251比索
	里约热内卢	44小时	566比索
	圣保罗	34小时	433比索
秘鲁	利马	72小时	788比索
智利	圣地亚哥	20小时	292比索

开往阿根廷境内的汽车		
目的地	所需时间	票价
布拉卡港	9小时	105比索
巴里洛切	22小时	192比索
科尔多瓦	10小时	105比索
门多萨	15小时	181比索
萨尔塔	21小时	257比索
马德普拉塔	6小时	76比索

小贴士

长途汽车票价会随着季节的变化以及汽车公司的不同而有所不同，节假日期间是旅游旺季，汽车的票价会有一定幅度的上涨，所以建议大家提早购票。

前往市区的交通

如果是到圣马丁广场，那么从汽车总站即可徒步到达，到五月广场可以乘坐小型的公共汽车NO.100到达。除了公共汽车，游客还可以选择出租车，在汽车总站就有很多的出租车，不管距离多近，它的最低费用为5比索。

火车

布宜诺斯艾利斯是阿根廷的首都城市，这里有不同的公司经营着几条火车路线。这里最主要的是Retiro火车站，它是通往蒂格雷的主要交通工具，来回只要3.8比索；Constitucion火车站主要通往西部郊区；Once火车站主要连接着西南部的郊区城市。对于火车票的情况，你可以通过www.ferrobaires.gba.gov.ar进行查询。

火车站信息		
名称	地址	电话
Retiro火车站	Av.Ramos Mejia 1302	011-03333822
Once火车站	2851 Bartolome Mitre St.	011-03333822
Constitucion火车站	Av. General Hornos 11	011-43040028

轮渡

轮渡是布宜诺斯艾利斯一种很常见的交通工具，其连接着乌拉圭的蒙得维的亚以及克罗尼亚等地。从布宜诺斯艾利斯港出发的快船开往蒙得维的亚，每天有1～2班轮渡，发船时间大概为8:00和15:30，航行时间约为2小时35分钟。从布宜诺斯艾利斯乘轮船前往乌拉圭的克罗尼亚大约要2小时45分钟，每天有2班轮渡，出发时间大约为11:00和19:00。布宜诺斯艾利斯的轮渡还可以到蒂格雷，它每天有2～3班轮渡，航行时间 大约为3小时。

轮渡码头信息

名称	地址	电话
Puerto Madero码头	位于Coacuterdoba avenue和Madero avenue	011-43166400
Puerto Madero码头	位于Coacuterdoba avenue和Madero avenue	011-43114700
Daacutersena Norte码头	位于Cordoba avenue和Madero avenue	011-43114700

市内交通

布宜诺斯艾利斯是阿根廷的首都城市，也是阿根廷经济发展的最好的城市，其交通较为繁忙。在这里旅行，游客可以选择多种交通工具，包括公交车、轨道交通、出租车等。

公交车

公交车是布宜诺斯艾利斯市民出行最重要的交通工具，市内公交车运行线路非常多，所以游客出行之前要事先查好线路。这里的公交车24小时运营，过了24:00后，一般是30分钟一班车。公交车的票价按路程算，价格约1.7～2比索。

特别推荐的公交车路线

29路公交车主要运营的是从中国城(Barrio China)到意大利广场(Plaza Italia)、方尖碑(Obelisco de Buenos Aires)、科隆剧院(Teatro Colon)、五月广场（Plaza de Mayo）、马德罗港区(Puetro Madreo)以及博卡区(La Boca)的路线。

64路公交车主要运营的是从中国城(Barrio China)到意大利广场(Plaza Italia)、阿根廷国民议会宫(Congreso de La National)、方尖碑(Obelisco de BuenosAires)、科隆剧院(Teatro Colon)、五月广场(Plaza de Mayo)、马德罗港区(Puetro Madreo)以及博卡区(La Boca)的路线。

152路公交车主要运营的是从意大利广场(Plaza Italia)到方尖碑(Obelisco de BuenosAires)、五月广场(Plaza de Mayo)、马德罗港区(Puetro Madreo)以及博卡区(La Boca)的路线。

小贴士

布宜诺斯艾利斯的公交车没有语音报站名，站名也都是用西班牙语显示。在乘车高峰期，如果车内人多且某站没人要下车，司机可以过站不停。如果到站要下车，你可以按下车铃，司机就会停车。如果你完全不熟悉这个城市的话，最好不要坐公交车。

地铁

阿根廷地铁叫“Subte”，所以路上如果看到有“Subte”标志的地方就是地铁的入口。布宜诺斯艾利斯的地铁虽然没有覆盖全市，但是其主要的街区都有地铁站。它一共有6条地铁线，分别为A、B、C、D、E、H。其中H线可以直接换乘A、B、E线，C线则可以直接换乘A、B、D、E线。地铁运营时间一般为周一至周六5:00～23:00，周日或节假日8:00～22:30。

小贴士

布宜诺斯艾利斯、坐地铁和公交都可以用“Subte”卡，办卡费用不高，一般为10～15比索。在布宜诺斯艾利斯的城里会有专门办卡的服务中心，它提供售卡和充值服务。另外，“Subte”卡也可以在很多便利店买到。需要注意的是，地铁售票处只提供充值服务，不出售“Subte”卡。

出租车

不论在布宜诺斯艾利斯哪个地方，出租车的价格都要比公交车的价格贵得多。这里的出租车很容易打到，和中国国内一样，你可以在路上拦空车。正规的出租车是黄色的顶、黑色的车身。白天起步价是9.1比索，夜间计费从22:00～6:00，起步价为10.9比索。

小贴士

布宜诺斯艾利斯的路线都是南北或东西走向的，只要有街名和号码，最好知道和哪条街相交，这样就非常容易找到目的地。不过，游客需要注意的是，坐车时一定要准备好零钱，因为有些出租车没有零钱找你。

驴友力荐的住宿地

布宜诺斯艾利斯是阿根廷的首都城市，这里提供的住宿地类型很多，其中有五星级的酒店，如希尔顿(Hilton)、凯悦(Park Hyatt)、喜来登(Sheraton)、四季(Four Seasons)等，也有中等规模的当地酒店、青年旅舍、家庭式旅馆、休闲度假村等。其中，青年旅舍和家庭式旅馆，它们的性价比都比较高，是较为理想的住宿地。

需要注意的是，出发前最好提前预订酒店，特别是在节假日的时候，这里的住宿非常紧俏。其住宿地都可以安排接送机服务，如果提早预订，住宿费一般都包括早餐费、无线网络费用等。这里一般大的酒店都能接受信用卡付款，规模小的如青年旅舍等，都只收现金，大部分的青年旅舍都可以直接用美元支付。

公寓

住宿地 Soho Point

Soho Point是一座设计风格别致的公寓。客房内设有家庭式的私人阳台，还有完整的厨房设施。每天早晨的时候，游客还可以享受到免费的清洁服务。

地址： Malabia 1577，1414 Buenos Aires

住宿地 Grupo Coinca Palermo III

Grupo Coinca Palermo III距离这一带的购物中心很近，方便了游客的日常生活。这里为顾客提供了带有免费无线网络连接的自助式住宿和干净清洁的客房。

地址： Av.Corrientes 3112，Buenos Aires
电话： 011-48494851
网址： www.grupocoinca.com

住宿地 Apartamentos Rent In Buenos Aires

Apartamentos Rent In Buenos Aires 位于布宜诺斯艾利斯较为高档的地区，公寓里配有免费无线网络连接。该酒店距这里著名的雷科莱塔墓地和科隆剧院都很近，方便了游客们的参观。

地址： Av.de Mayo 950，Buenos Aires
电话： 011-52381032
网址： www.buenosairesapartments.net

住宿地 Golf Tower Suites & Apartments

这家酒店周围树林环绕，毗邻高尔夫球场和湖泊。公寓不久之前经过全面翻新，里面的阳台和厨房等家庭用品都一应俱全。另外，这里还设有健身中心、网球场、游泳池和桑拿浴室。

地址： La Pampa 1117, 1428 Buenos Aires
电话： 011-47861542
网址： www.golftowerhotel.roomwhizz.com

其他公寓推荐

名称	地址	电话	网址
Alojargentina	Ecuador1275, Buenos Aires	011-49619385	www.alojargentina.com
Dazzler Flats Quartier Basavilbaso	Basavilbaso 1350, C1006AAD Buenos Aires	011-52175799	www.dazzlerflats.com
IQ Callao By Temporary Apartments	Jose Andres Pacheco de Melo 1857, Buenos Aires	011-48169032	www.iqcallao.com
Trianon Residence Recoleta	Av.Callao 1869, Buenos Aires	011-48123335	www.easyservicedapartments.com

青年旅舍

住宿地 Milhouse Avenue

Milhouse Avenue位于布宜诺斯艾利斯市中心地带，是一家经济实惠的青年旅舍。这里的客房宽敞明亮，并铺有镶木地板。在这里，你还可以看到一些精美的现代绘画。另外，旅舍设有公用厨房和酒吧，并开设了教萨尔萨和探戈舞课程。

地址： Monserrat，Buenos Aires
电话： 011-43817191
网址： www.milhousehostel.com

住宿地 BA STOP Hostel

这家旅舍具有优越地理位置，它距离五月广场以及科隆剧院仅有几分钟的车程。旅舍的客房均铺有镶木地板，还设有米色墙壁或手绘设计图案、暖气和共用浴室。每天，游客还能享受到这里供应的当地果酱和羊角面包的欧陆式早餐。

地址： Av.Rivadavia 1194，Ciudad De Buenos Aires
电话： 011-43827406
网址： www.bastop.com

住宿地 博尔塔尔德乐苏尔青年旅舍

博尔塔尔德乐苏尔青年旅舍内部有免费无线网络连接和可欣赏城市全景的露台，露台上还有供应自助早餐的酒吧。这里的客房设施一般都很齐全，几乎都有私人浴室或公用浴室。这里经常还有免费的日常活动，游客在这里可以观看探戈舞班和现场音乐表演。

地址： Hipolito Yrigoyen 855, 1086 Buenos Aires
电话： 011-43428788
网址： portaldelsurba.com.ar

住宿地 石灰屋青年旅舍

石灰屋青年旅舍拥有一个设备齐全的公用厨房、市景露台、一间酒吧和一间游戏室，还提供免费无线网络连接。这里的电脑和烧烤设施都可供客人使用，每天还会为顾客供应免费的早餐。

地址： Lima 11, Buenos Aires
电话： 011-43834561
网址： www.limehouse.com.ar

住宿地 1385 Hostel

1385 Hostel是一家温馨的青年旅舍，这里的客房使用活泼的色彩装饰。旅舍每天为顾客提供包括面包、水果、果汁和牛奶等物品在内的自助早餐，并设有公用厨房。

地址： Av.de Mayo 1385，Buenos Aires
电话： 011-43839668
网址： www.1385hostel.roomwhizz.com

其他青年旅舍推荐

名称	地址	电话	网址
Downtown BA Hostel	Maipu556, C1006ACF Buenos Aires	011-43934072	www.downtownbahostel.com
America Del Sur Hostel	Chacabuco 718,Buenos Aires	011-43005525	www.americahostel.com
Buenos Aires Hostels	Av Dr.Honorio Pueyrredon 934, C1405BAT Buenos Aires	011-20552038	www.bah.com
Hostel Sol	Lima 1169, Buenos Aires	011-43043019	www.hostelsol.com
BA Stop, Buenos Aires Hostel	Av.Rivadavia 1194, Ciudad De Buenos Aires	011-43827406	www.bastop.com
Milhouse Hostel	Hipolito Yrigoyen 959, Buenos Aires	011-43459604	www.milhousehostel.com
Hostel club	Viamonte 887,Buenos Aires	011-43220994	www.hostelclub.com
El Firulete Hostel	Maipu 208-1048 Buenos Aires	011-50312899	www.elfirulete.com

星级酒店

住宿地 Hub Porteno

该酒店位于布宜诺斯艾利斯的高档街区中，拥有豪华的内饰和健身中心，其的装修豪华，铺有上好的木质地板，并配有典雅高贵的装饰。另外，酒店的客房内还配备有线电视、迷你吧和咖啡机，设有带浴缸的私人浴室。

地址：Rodriguez Pena 1967,C1021ABO Buenos Aires
电话：011-32206600

住宿地 马赛德安格斯酒店

这家酒店位于一座法国新古典主义风格的迷人建筑中。酒店内的客房装饰有木地板和家具摆设，设有迷你酒吧，并为顾客提供免费无线网络连接、早餐等服务。

地址：Arenales 1392,Buenos Aires
电话：011-52192526
网址：www.marseilledesanges.com

住宿地 布宜诺斯艾利斯二号酒店

布宜诺斯艾利斯二号酒店拥有舒适的客房，店内铺有浅色镶木地板，为极简主义风情的设计风格。酒店的客房设有空调和平面有线电视，还提供私人浴室和迷你吧。每天早上，顾客们还能享受到欧洲式早餐服务。

地址： Monserrat, Buenos Aires
电话： 11-41369393
网址： www.axelhotels.com

住宿地 英特苏尔里克莱塔酒店

英特苏尔里克莱塔酒店将古典建筑与豪华内饰完美融合。在这里，你可以享受到非常优雅的住宿环境。酒店的客房内铺有米黄色的地毯，并配有软垫椅、平面有线电视、空调、办公桌和带浴缸的浴室，是游客们住宿的最好的选择之一。

地址： Av Callao 1764，1024 Buenos Aires
电话： 011-55334000
网址： www.intersurrecoleta.com.ar

住宿地 圣特尔莫度假酒店

圣特尔莫度假酒店是一栋历史悠久的建筑，酒店中设有免费无线网络连接和餐厅，还有自助式客房和阁楼，客房内设有私人浴室和等离子电视。酒店周边有很多剧院、艺术博物馆、酒吧和餐馆。此外，酒店为顾客提供欧陆式早餐，还供应本地和国际菜肴。

地址： Balcarce 1022, C1064AAV Buenos Aires
电话： 011-47304688

其他酒店推荐

名称	地址	电话	网址
Hotel Reconquista Luxor Buenos Aires	Av. Pres. Roque Saenz Pena 890，Buenos Aires	011-43289400	www.hrluxor.com
Melia Recoleta Plaza Boutique Hotel Buenos Aires	Posadas 1557，C1112ADA Buenos Aires	011-53534000	www.es.melia.com
Aura Suites Boutique Hotel	Honduras 3879，A1180AAA Buenos Aires	011-48214354	www.aurasuiteshotel.roomwhizz.com
Abasto Hotel	Av Corrientes 3190，C1193AAQ Ciudad de Buenos Aires	011-63114466	www.abastohotel.com
Caesar Park Silver Buenos Aires Obelisco Hotel	Cerrito 330，Buenos Aires	011-41064444	www.caesarpark.com
Dazzler Flats Quartier Basavilbaso	Basavilbaso 1350，C1006AAD Buenos Aires	011-52175799	www.dazzlerflats.com
Mansion Dandi Royal	Piedras 922，Buenos Aires	011-43613537	www.mansiondandiroyal.com

家庭旅馆

住宿地 America Del Sur Hostel Buenos Aires

这家现代化的旅馆的客房提供私人浴室，除了拥有完善的内部设施之外，旅客还可以免费无线上网。旅馆内有一个内部庭院，那里为旅客供应欧陆式早餐。如果吃不惯店里提供的饭菜，酒店内也有一间带微波炉、烤箱和冰箱的公用厨房，旅客可以在这里自己做饭。

地址： Chacabuco 718, 1098 Buenos Aires
电话： 011-43005525
网址： www.americahostel.com.ar

住宿地 Hostel Suites Florida

这家旅馆位于布宜诺斯艾利斯颇受欢迎的佛罗里达大街上，无论是购物还是观景都非常方便。旅馆提供可容4人入住的空调客房，还提供毛巾、床单、清洁服务以及自助早餐。

地址： Florida 328, 1005 Buenos Aires，Capital Federal
电话： 011-43250969
网址： www.hostelsuitesflorida.com

住宿地 Hostel Parada

Hostel Parada旅馆提供最实用的住宿，虽然价格便宜，但旅馆客房的基本设施都相当齐全，所有客房都配有大号床、有线电视以及现代化的镶木地板，各处都设有免费无线网络连接。此外，在这里，客人每日还可以享用咖啡、牛奶、糕点和热饮品等美食。

地址： Av Rivadavia 1291，C1033AAC Buenos Aires
电话： 011-43816399
网址： www.hostelparada.com

住宿地 艺术工厂旅馆

这家旅馆拥有名家设计风格和具有艺术气息的装潢。在这里，你可以欣赏涂鸦风格的手绘壁画，并可参加探戈舞课程学习。旅馆的客房配有办公桌、风扇以及带淋浴设备的私人浴室或公用浴室，每间客房的设计也非常有特色。

地址： Piedras 545, 1070 Buenos Aires
电话： 011-43431463
网址： www.artfactoryba.com.ar

其他家庭旅馆推荐

名称	地址	电话	网址
Livian Guest House Buenos Aires	Palestina 1184，Buenos Aires	011-48628841	www.livianguesthouse.com.ar
Lina's Tango Guesthouse	Estados Unidos 780，Buenos Aires	011-43616817	www.tangoguesthouse.com.ar
Recoleta Guest House	Laprida 1821，Buenos Aires	011-48035474	www.recoletaguesthouse.com
The Guesthouse	Piedras 1694， Buenos Aires	011-43070828	www.santelmoloft.com
Che Lulu Guesthouse	Emilio Zola 5185，C1425GHA Buenos Aires	011-47720289	www.chelulu.com
Caseron Porteno	Ciudad de la Paz 344，1426 Buenos Aires	011-45546336	www.caseronporteno.com
Hotel Boutique Casa Las Canitas	Huergo 283，Las Canitas	011-47713878	www.casalascanitas.com

饕餮一族新发现

布宜诺斯艾利斯的美食大多集中在马德罗港区以及雷科莱塔区，这里的美食丰富多样、食材新鲜、菜式新颖。这里受几世纪前大批的意大利和西班牙移民潮的影响，随处可见意大利和西班牙餐馆，比萨店更是比比皆是。这里最有名的菜肴是阿根廷牛肉，肉质上乘、价格公道。在这里一般花上80～150比索就能吃到一顿上好的牛排大餐。

布宜诺斯艾利斯美食推荐

美食地 Asado

Asado是阿根廷最具特色的烤肉，这种烤肉店很多，只要是标有“Parrillas”字样的店都会有供应。这种烤肉的做法看起来很简单，它是把各种各样的肉类放在一起烧烤烹饪，里面包括有牛肉、香肠、鸡肉、血肠等等，装起来足有满满一大盘。这种烤肉一般有3人份和6人份两种不同量的供应，适合与家人一起去吃。

美食地 Empanada

Empanada是阿根廷一种有馅的饺子，这种饺子很普遍，在南美洲也会经常看到。在布宜诺斯艾利斯街边的面包店、餐馆或是超市，你都能看到它的足迹。这种饺子有现做的和速冻的两种，一般有牛肉、鸡肉、火腿、蔬菜和奶酪几种最常见的馅。

美食地 Milanesa

Milanesa是阿根廷特有的一种肉类菜，在一般餐馆的菜单上，都会看到这道菜。这道菜的做法很简单，就是在牛排或鸡排上裹上一层面包粉，然后用炸或是用烤箱烘，再加不同的酱料，其外表就像我们国内的炸猪排。

美食地 马黛茶

马黛茶是阿根廷的特色茶，这种茶含有多种营养成分，不仅可以清除胆固醇、降低血脂，还能促进血液循环、提神醒脑等等。阿根廷的人几乎每天都在喝这种茶，从小孩到老人，从都市到乡村都是如此。马黛茶的喝法很有讲究，要先用特制的吸管、勺子和过滤器三合为一的工具，放进冲了水的茶里，先吹一口气，然后再慢慢的吸，也可以轻轻拌一下，但不可经常搅拌。

布宜诺斯艾利斯餐馆推荐

美食地 Tomo 1

这是一家拥有几十年历史的餐馆，它结合了西班牙和意大利的烹饪特点，为顾客提供了海鲜、自制意大利面、牛排等地道的美食。

地址： Hotel Panamericano, Carlos Pellegrini 521 Microcentro
电话： 011-43266695
交通： 乘坐地铁D线到9de Julio站下车可到，或乘地铁B线到Carlos Pallegrini站下车可到

美食地 萨拉哈大陆

这是一家经营阿根廷各地菜肴的餐馆，它位于雷科莱塔地区。这家餐馆在这条饮食街内是最花哨、最独特、最引人注目的，餐馆内每天都有表演可看。饮料和甜点，再配上有趣的表演，让它成为这一带最有特色的餐馆。

地址： Junin 1735 Recoleta Buenos Aires，Buenos Aires
电话： 011-48017544
营业时间： 21:00～次日6:00

美食地 马德罗港罗迪西奥

这是一家巴西风味餐厅，有两种套餐可以选择，一种是白天以及周日晚上提供的Menu de Puerto套餐，另一种是平时晚上提供的Menu Rodizo套餐。这两种套餐除了可以有肉类选择，还附带有阿根廷馅饼、炸薯条以及甜品等。

地址： Alicia Moreau de Justo 840，Buenos Aires
电话： 011-43343638
营业时间： 白天12:00～15:30，晚上20:00～24:00（周五、周六20:00～次日凌晨2:00）

美食地 Siga la Vaca

这是一家很有特色的烤肉自助餐店，里面有牛、羊、鸡、猪等各种肉类的烧烤，在这里，你可以花很少的价钱就能吃到非常美味的烤肉大餐。不过店里的东西太多，建议在状态好的情况下来吃。

地址： Av Alicia Moreau de Justo 1714, Buenos Aires
电话： 011-43156801
网址： www.sigalavaca.com

美食地 Cantina Chinatown

一听这个名字，就知道这一定是一家与中国菜有关的餐厅。没错，这家餐厅以传统的中国菜为主，为顾客提供了中国各个地方的传统美食。

地址： Mendoza 1700 y Arribnos
电话： 011-43426959

其他美食地推荐

名称	地址	电话	网址
Cabaña Las Lilas	Av.Alicia Moreau de Justo 516，Buenos Aires	011-43131336	www.laslilas.com
La Cabrera	Jos é Antonio Cabrera 5099，C1414BGQ Buenos Aires	011-48317002	www.parrillalacabrera.com.ar
La Brigada	Estados Unidos 465， Buenos Aires	011-43615557	www.parrillalabrigada.com.ar
La Biela	Guiddo， Buenos Aires	011-48040432	www.labiela.com
Te Matar é Ramirez	Gorriti 5054， C1414BJR Buenos Aires	011-48319156	www.tematareramirez.com
Cafe Tortoni	Av.de Mayo 825， 1084 Buenos Aires	011-43424328	www.cafetortoni.com.ar
Tegui	Costa Rica 5852， Buenos Aires	011-52913333	www.tegui.com.ar
Olsen	Gorriti 5870， Buenos Aires	011-47767677	www.guiaoleo.com.ar
Casa Cruz	Uriarte 1658， Buenos Aires	011-48331112	www.casacruz-restaurant.com
Tandoor	Laprida 1293， Buenos Aires	011-48213676	www.tandoor.com.ar
Bio	Humboldt 2192，Buenos Aires	011-47743880	www.biorestaurant.com.ar

淘宝达人爱去的街店

布宜诺斯艾利斯是阿根廷购物的理想之地，在其市中心周边是购物最集中的地段。这里的商品种类多、样式齐全，是游客购物之行不可错过的一个宝地。这里有很多步行商业街，阿根廷国内一些著名品牌的老商号都聚集在这里，还有伦敦、巴黎等世界上许多著名的大公司设立的分店也都可以在这里看到。这里还有一些市内旧区，那里虽然不似别的地方繁华，但是却能带给别人一种很特别的感受，在古老建筑包围下摆设的古董摊档上，留声机、旧电话、手表、水晶灯等商品随处可见，让人感觉仿若时光倒流，回到了旧时代。

布宜诺斯艾利斯特产推荐

购物地 红纹石

在布宜诺斯艾利斯有一种颜色鲜艳、外表可爱且稀有的宝石——红纹石，它又称“阿根廷石”或“菱锰矿”。红纹石是阿根廷的国宝石，它类似粉晶，能量却比粉晶更为精纯。听说这种石头的能量与心轮对应，可使佩戴者开心、愉快。当心情感觉郁闷、烦躁时，它还能消除心中的负性能量。

购物地 牛肉

阿根廷是世界著名的畜牧业大国，牛、羊的养殖数量居世界前列，其阿根廷牛肉也与别处不同，它采取露天围栏放牧的牛身上的肉制成。这种牛肉肉质鲜嫩，与大多数国家工业化牛棚育肥的牛不可同日而语。

购物地 革制品

阿根廷作为畜牧业生产国，革制品是最好的特产。阿根廷由于传承了欧洲的风格，皮革制品的设计都非常时髦。其牛皮大多比较柔软，可以制成钱包等小件皮革制品，也可以制成皮夹克。

购物地 银饰

布宜诺斯艾利斯的特色商品很多，银制品也是其中之一。这里的银制首饰、餐具很多，走在大街小巷里，总是能看到许多精致的银饰品。

购物地 羊皮制品

羊皮制品也是阿根廷的一大特产。布宜诺斯艾利斯的购物店很多，大多数人都是因这里的皮制品而来，这里的皮制品质量上乘，价格合适，很多的商店还可以杀价，因此这些皮制品店吸引了不少游客的眼光。

布宜诺斯艾利斯购物地推荐

购物地 Bullrish精品商店

这是布宜诺斯艾利斯这个城市里很高档的一家商场，聚集了一些品牌时装，如Lacoste、Versace等。在这里商场里不仅可以购物，还有电影院、咖啡馆以及餐饮区等供顾客休闲娱乐，不失为一个集购物与休闲于一体的好去处。

地址： Av.del liberador 750，Buenos Aires
营业时间： 10:00～21:00

购物地 Palermo购物商场

这是一个位于Palermo区的大型购物商场，里面有服装店、书店、珠宝店以及一些电子家具店等。在这里，不论是高档的服装首饰还是廉价的精美饰品你都能找到。另外，在购物商场内还设有大型饮食区、电影院和儿童游乐区供游客休息游玩。

地址： Av. Coronel Diaz 2098，Buenos Aires
营业时间： 10:00～22:00

购物地 超市、大卖场

对于经济条件一般的顾客来讲，超市、大卖场无疑是一个购物的黄金地带。这里的店按照便宜程度主要有迪亚天天、家乐福、Coto、Disco这四家超市。另外，还有很多中国人开的价格中等的超市。在这里的街上，你随处可见的便是一些专门出售小零食、饮料、电话卡的小零售店。

购物地 法国广场跳蚤市场

在市中心的Recoleta区有一个法国广场跳蚤市场，这里出售的商品有各种高质量的皮质产品、银铜器首饰、手工制品、艺术画和当地的特色工艺品等。

营业时间： 周六、周日以及节假日11:00～20:00

购物地 卡迷你多艺术跳蚤市场

如果你想见识一下阿根廷各种皮质的皮包、香薰、马黛茶具、当地手工艺品及艺术作品，那么一定要来La Boca区的卡迷你多艺术跳蚤市场逛一逛。这里的特色产品很多，保你一次看不完。另外，这里还有各种与探戈相关的装饰服饰和鞋帽等商品。

营业时间： 周四至周日以及节假日12:00～18:00

购物地 佛罗里达步行街

佛罗里达步行街位于布宜诺斯艾利斯最繁华的街道上，是布宜诺斯艾利斯有名的步行商业街。这里除了有各种档次的流行时装、首饰、玩具、家电、书籍、药品等各种商品，还有多彩多姿的民间艺术表演、各种形式的艺术展览以及街头辩论的热闹场面可以欣赏。

购物地 5TA二手市场

5TA二手市场是一家大型的二手市场。在这里，你可以找到非常便宜实用的二手产品，如生活日用品、艺术作品等。与一般的大商场不太一样的是，这里的商品可以讨价还价。

地址： Av. Santa Fe 1270，Buenos Aires
营业时间： 周一至周六11:00～20:00

购物地 露天市场/跳蚤市场

如果你想买当地特色的纪念品，露天市场是一个很不错的选择。这里的纪念品很多，选择的余地很广。这里的各大旅游点都有大大小小的露天市场或是周末的跳蚤市场，在这些地方，你可以淘到很不错的东西。

其他购物地推荐

名称	地址	电话	网址
Abasto Shopping Center	Av Corrientes 3247，Buenos Aires	011-49593400	www.abasto-shopping.com
Grimoldi Paseo Alcorta	Jeronimo Salguero 3172，Buenos Aires	011-45116290	www.grimoldi.com
Whoopies Pasteleria	Arce 940，Buenos Aires	011-47785155	www.whoopies-pasteleria.com
Alto Palermo Shopping Center	Av Santa Fe 3253，Buenos Aires	011-57778000	www.altopalermo.com
Dot Baires Shopping	Vedia 3632，Buenos Aires	011-57779500	www.dotbairesshopping.com
grimoldi shopping caballito	Av Rivadavia 5108，Buenos Aires	011-58618638	www.grimoldi.com

消夜族恋恋不舍的地方

在布宜诺斯艾利斯，晚上的活动一般都比较多。不过，在这里，一般人都会选择去看土生土长的探戈。布宜诺斯艾利斯的探戈表演主要集中在五月广场南侧的圣特尔莫区，这里的街区还保留着阿阿根廷旧时的影像，让我们一眼便能看到探戈悠久的历史。

布宜诺斯艾利斯娱乐场所推荐

娱乐地 Tazz Entertainment Bar

这是一家以环境优雅的酒吧，也是当地人常去的娱乐地。酒吧里面有阿根廷传统的美酒，还经常有一些特色的娱乐活动。

地址： Serrano 1556, Buenos Aires
电话： 011-48335164

娱乐地 拉本塔纳

这是一家有名的探戈店，在表演开始时，一般以探戈歌手的独唱开场，然后便是华丽的舞蹈。

地址： Balcarce 425
电话： 011-43341315
营业时间： 20:00～24:00

娱乐地 Teatro Ciego

Teatro Ciego是一家非常特别的影院，影院里面是完全黑暗，给人们营造的是一个盲人的空间，不过这个地方偶尔体验一次还好，常去的话会对视力造成不好的影响。

地址： Zelaya 3006, C1171ADB Buenos Aires
电话： 011-63798596
网址： www.teatrociego.org

娱乐地 Rojo Tango Show

这个地方也是人们常去的娱乐地之一，在这里，你可以看到非常精彩的阿根廷探戈表演。曼妙的舞姿、动感的音乐是这个地方最大的魅力。

地址： Martha Salotti 445, C1107CMC Buenos Aires
电话： 011-57871536
网址： www.rojotango.com

其他娱乐地推荐

名称	地址	电话	网址
Gran Bar Danzon	Libertad 1161， City of Buenos Aires	011-48111108	www.granbardanzon.com
La Puerta Roja	Chacabuco 733， Buenos Aires	011-43625649	www.lapuertaroja.com
Sugar Bar Buenos Aires	Costa Rica 4619， Buenos Aires	011-48313276	www.sugarbuenosaires.com
Universidad del Cine	Dr. Jose Modesto Giuffra 330， Buenos Aires	011-43001413	www.ucine.edu.ar
Teatro Opera	Av. Corrientes 860， Buenos Aires	011-43261335	www.operaciti-teatro.com
Hoyts Abasto	Av. Corrientes 3247， Abasto， Ciudad Autonoma de Buenos Aires	011-41188130	www.hoyts.com
Le Petit Spa	Lavalle 1783， Buenos Aires	011-43728408	www.lepetitspa.net
Spa Urbano	Av. Rivadavia 550， Buenos Aires	011-43423623	www.spaurbanobsas.com
Castelar	Hipolito Yrigoyen， City of Buenos Aires	011-43835000	www.castelarhotel.com

Part2 科尔多瓦旅游圈 069-082

科尔多瓦位于科尔多瓦山脉东麓，是阿根廷的第二大城市。这里的农业和工业发达，是阿根廷中部地区的重要城市。科尔多瓦的市区规划整齐，市容美观，是很多游客都喜欢前往的景点。此外，城市三面环山、风景秀丽，是当之无愧的旅游胜地。

科尔多瓦景点分布示意图

科尔多瓦市中心景点

大教堂和市政厅

观光指数：★★★★★　　推荐指数：★★★★★

资讯信息

地址： San Jeronimo, Cordoba

电话： 351-4223446

大教堂和市政厅（Catedral/Cabildo de la Ciudad）是两个相邻的建筑。其中，大教堂面对着圣马丁广场，在夜晚时分，大教堂会被一层灯光笼罩，显得格外有魅力。市政厅位于大教堂的旁边，建于18世纪，经过长时间的发展，原本的市政厅已经变成了一座收藏有阿根廷重要历史资料的博物馆。

亲历者体验 FOLLOW ME

在大教堂和市政厅闲逛，很容易找到一种世事变迁的感觉，尤其是在夜晚灯光都亮起的时候，被光线包围着的市政厅和大教堂总让人有种时间在不断从眼前溜走的感觉。

同时可以游览

佩雷斯博士美术馆

佩雷斯博士美术馆是科尔多瓦地区一个特色的博物馆，馆内收藏着大量的艺术品，其中肖像画和抽象画等藏品不计其数。

地址： Av.General Paz 33，Cordoba

门票： 免费

开放时间： 9:00～21:00

宗教艺术博物馆

观光指数：★★★★★　　推荐指数：★★★★★

宗教艺术博物馆（Museo de Arte Religioso Juan de Tejeda）原本是一座修道院，在16世纪时被改建成了一座博物馆，这里展示的都是大教堂的贵重艺术品。这里还保留着最初的回廊庭院，从那里你可以看到大教堂的塔楼，其墙壁砌筑的风格也还保留着当时的的样子。这里收藏着很多独特的作品，如卡塔利纳斯便携式祭坛彩瓷雕塑等，这些藏品大多来自古老的修道院。此外，这里也不乏一些当代艺术家捐赠的作品。

资讯信息

地址： 122 Independencia，5000 Cordoba

开放时间： 8:00～12:30

网址： www.museotejeda.com.ar

亲历者体验 FOLLOW ME

对于第一次来科尔多瓦的游客们来讲，宗教艺术博物馆是一个不可错过的景点。这个博物馆虽然没有其他地方的那么引人注目，但也是一个非常有意思的地方。在这里，你可以看到很多漂亮的雕塑；在这里拍照，也不愁选不到背景。

国立科尔多瓦大学

观光指数：★★★★★　　推荐指数：★★★★★

国立科尔多瓦大学（La Universidad Nacional de Cordoba）是阿根廷最古老的大学，也是阿根廷的第一所大学，同时还是整个美洲3所最古老的高等学府之一。这所大学是由图库曼的基督教会创建，从1767年耶稣基督教会被驱逐后，便成为了国立大学。这所大学培养出了很多文化和政治中心人物，为阿根廷的发展做出了很大的贡献。在进入21世纪后，国立科尔多瓦大学被重新修缮一新，如今它以全新的面貌展现在游客们的眼前。

资讯信息

地址： Valparaiso S/N 5000，Cordoba

网址： www.unc.edu.ar

亲历者体验 FOLLOW ME

国立科尔多瓦大学是一个很有文化气息的地方。在这里，看到它作为高等学府而具有的特色。

科尔多瓦周边景点

圣史克人工湖

观光指数：★★★★　　推荐指数：★★★★

圣史克人工湖（Villa Carlos Paz）位于阿根廷科尔多瓦市的卡洛斯·帕斯镇上，湖周围是科尔多瓦的第一疗养胜地。圣史克人工湖旁边有很多的疗养店，在它附近还有升降梯可以让你看到远处的山景。这里平时来游玩的人很多，非常的热闹，尤其是在晚上的时候，各大赌场都纷纷开放，热闹非凡。

资讯信息

地址： Lee 520 opiniones y compara precios，Cordoba
网址： www.villacarlospaz.tripadvisor.com.ar

亲历者体验 FOLLOW ME

圣史克人工湖是一个可以让人放松身心的地方，这里给人印象最深的就是人工湖周边或大或小的疗养店。上这里来享受一次疗养的待遇，可以让人放开一切的烦恼，一心只沉浸在这独特的享受中。

科斯金

观光指数：★★★★　　推荐指数：★★★★

科斯金（Cosquin）是阿根廷的小城镇，位于科尔多瓦西北约62千米处，是科尔多瓦一个特殊的高原疗养地。在科斯金河边，有很多露天的帐篷营地，吸引了很多游客过来观光。每年1月中旬至下旬的时候，这一带还会召开有名的国际民间音乐节。届时来游玩的人特别的多，非常的热闹。

资讯信息

地址： The family fund river，Cordoba
交通： 从科尔多瓦乘坐巴士即可到达

亲历者体验 FOLLOW ME

在科斯金露营的经历让人难忘，在这里露营，享受背山靠河的自然美景，十分惬意。

奥拉恩瀑布

观光指数：★★★★　　推荐指数：★★★★

资讯信息

地址： Cordoba Province，Cordoba
交通： 从科尔多瓦乘坐巴士可到达

奥拉恩瀑布（Cascadas de Olaen）位于拉法尔达地区，是一处非常美丽的景点。在这里，你可以看到水从一外岩石露头并且从高处落下的情景，内心也立马就会萌生“飞流直下三千尺”的感叹。这里急湍的瀑布像一个白色的窗帘，让人不由得想探秘它背后有什么隐蔽的奇观。在瀑布的下面，还有绿色植被，溅起的水珠滴落在绿叶上，像一颗颗透明的水晶，十分漂亮。

亲历者体验 FOLLOW ME

在这里，看奥拉恩瀑布从高处降落的情景是一种很特别的享受，在别的地方很少能看到这种自然形成的瀑布。看着流水从高处急速降落，整个人的心也会随着它大起大落，就好像自己是那道白色的流水。这种激动的心情，只有亲身体验过了才能深刻体会到。

拉昆瀑布雷西塔

观光指数：★★★★　　推荐指数：★★★★

拉昆瀑布雷西塔（La Cumbrecita）位于科尔多瓦西南地区，是一座具有德国风格的小镇，小镇外有溪流环绕，空闲的时候，这里会有很多的人旅游戏水。这里还有很多时尚的饭店，如果是旺季过来，价格一般都会有一定的涨辐，如果是旅游淡季的时候过来，不用花太多的钱就能享受到周到的服务。此外，这里还设有网球场和游泳场，为游客的旅行生活带来了很大的方便。

资讯信息

地址：Cordoba Province，Cordoba

交通：从布宜诺斯艾利斯乘坐长途巴士到贝尔格拉将军镇（Villa General Belgrano）后租车可到达

亲历者体验 FOLLOW ME

拉昆瀑布雷西塔是一个很有特色的小镇，这里虽然没有中国的江南水乡那般具有诗意，但却有一种说不出来的人文风情。这里的人的热情足以让每一个陌生的游客都感到异常的温暖另外，这里丰富的美食，也会让人流连忘返。

科尔多瓦旅游资讯

自助游必须掌握的交通

航空

科尔多瓦的帕哈斯布兰机场每天都有30多个航班从布宜诺斯艾利斯飞来，航程时间大约要1小时15分。此外，从门多萨也有前往科尔多瓦的航般，每天大概有2班，但是都需要在布宜诺斯艾利斯中转，航程大约为1小时；从萨尔塔、图库曼等地也有直达这里的航班，航程时间约为1小时。

从帕哈斯布兰卡机场（Aeropuerto Pajas Blancas）可以乘坐Linea A5公交到市中心，价格为80比索；也可租车前往市中心，价格为8～10比索。

汽车

阿根廷有Chevallier、Pouamericano、TAC等公司运营从布宜诺斯艾利斯到科尔多瓦的汽车。汽车每天7:30准时发出，为了方便游客的游行，一般21:00以后的夜行汽车会比较多，一直持续到23:45左右。汽车从阿根廷不同的城市到科尔多瓦的时间不同，大致时间为9～13小时。其中，从萨尔塔到这里大概要11～12小时，从胡胡伊出发大概需要12小时，从门多萨也可以乘车到这里大概需要10小时。

驴友力荐的住宿地

科尔多瓦作为阿根廷的第二大城市，其繁华的程度仅次于布宜诺斯艾利斯。这里的住宿类型没有布宜诺斯艾利斯那么广泛，大概分为星级酒店和经济住宿两种。其中，星级酒店的价格在100～200比索，经济住宿相对那些星级酒店来讲比较便宜，价格一般都低于100比索，是大多数游客的最佳选择。

高档酒店推荐

住宿地 科尔多瓦假日酒店

科尔多瓦假日酒店的位置很好，距离市区中心仅10分钟的车程。酒店的客房设备齐全，配有液晶电视、办公桌、浴室。此外，酒店内还提供免费互联网连接、免费停车场。

地址： Fray Luis Beltran Y Manuel Cardenosa
电话： 351-4779100
网址： www.ihg.com

住宿地 Azur Real Hotel Boutique

这家酒店位于科尔多瓦的市中心，拥有一座屋顶泳池和平台区，很好的展现了当代名家的设计风格。酒店的客房铺设有镶木地板，客房内装有苏格兰淋浴设备，还配有平面有线电视、免费的无线网络连接。此外，酒店内还提供按摩服务。

地址： San Jeronimo 243，X5009DYJ Cordoba
电话： 351-4247133
网址： www.azurrealhotel.com

住宿地 Sheraton Cordoba Hotel

这家酒店装饰高雅而现代化，客房宽敞，在里面可以一览城市的美景。酒店的设施很齐全，有游泳池和健身房。另外，酒店内还有很多餐饮场所，客人可以在这里的餐厅用餐，还可以欣赏现场的钢琴曲。

地址： Av Duarte Quiros 1300，5000 Cordoba
电话： 351-5269000
网址： www.nferias.com

住宿地 科尔多瓦广场国际酒店

这家酒店是一家非常现代化的酒店。酒店的客房很大，里面的设施齐全，除了设有一些迷你酒柜外，还在浴室内设有电话和吹风机。如果，你在这里住宿两日还有特别的优惠。

地址： San Jeronimo 137，Cordoba
电话： 351-4268900

中档酒店推荐

住宿地 阿梅里安科尔多瓦公园酒店

这家酒店坐落在科尔多瓦市中心的中央位置，地理位置很优越，酒店里面有典雅的影视装潢，还有传统的酒吧和餐厅。在这里，你可以享受到阿根廷各大区域和国际风味的美味佳肴。

地址： Bv.San Juan 165, X5000ATB Cordoba
电话： 351-5266600
网址： www.amerian.com

住宿地 科尔多瓦高尔夫酒店

这家酒店位于Ciudad Empresaria地区，距离机场仅有几分钟的车程，非常的方便。酒店内设有spa、健身房和咖啡厅，并配有免费无线网络连接和液晶电视，此外，酒店还设有餐厅，在这里，你可以品尝到地方风味菜肴和国际美食。

地址： Monsenor Pablo Cabrera 7000 - Zona Norte Ciudad Empresaria, Cordoba
电话： 351-5542400
网址： www.quorumhotel.com.ar

住宿地 英特尔普拉扎酒店

英特尔普拉扎酒店拥有一个室外游泳池和一个健身中心，还设有一间餐厅和一间酒吧。酒店的客房宽敞明亮、装饰典雅，为顾客配备了柔和色调的窗帘和床罩，并设有木制办公桌、迷你吧以及有线电视。

地址： San Jeronimo 137, Cordoba
电话： 351－4268900
网址： www.interplazahotel.roomwhizz.com

住宿地 Zoom Apartments Hotel Boutique

Zoom Apartments公寓酒店位于科尔多瓦的市中心，邻近圣马丁广场和科尔多瓦大教堂等旅游景点。酒店的装饰时尚而典雅，大理石地板和时尚木制家具让人倍感舒心。此外，这里还设有一间餐厅和酒吧，可以为顾客供应自助早餐、小吃和饮品。

地址： Jose Antonio de Sucre 327, Cordoba
电话： 351－4284665
网址： www.tripadvisor.com.ar

住宿地 King David Flat Hotel

King David Flat Hotel酒店距离圣马丁广场很近，内部拥有一个屋顶游泳池、一间新近整修的健身中心和一家餐厅。酒店的公寓内均设有轻木家具和镶木地板，并配有用餐区、微波炉和冰箱，是一个很适合享受生活的游客居住的地方。

地址： Av.Gral. Paz 386, Cordoba
电话： 351－5703528
网址： www.kingdavid.com.ar

经济住宿推荐

住宿地 Merit Gran Hotel Victoria

这是一家装饰典雅的酒店，客房内均配有液晶有线电视和免费无线网络连接，有些客房还配有沙发和空调。在这里，顾客可以享受到非常舒适的服务。

地址： 25 de Mayo 240，Cordoba
电话： 351－4290898
网址： www.hotelvictoriacord.com

住宿地 Hosteria Zure-Echea

Hosteria Zure-Echea酒店是一家典雅的石头酒店，坐落在风景秀丽的山上。酒店的客房装饰简单舒适，拥有深红色的床上用品和清凉的瓷砖地板，还拥有游泳池、免费无线网络连接和免费的停车场。另外，酒店内还会组织一些户外活动，人们可以在工作人员的带领下，旅行、帆板和钓鱼。

地址： Fleming 12 – 5168 Valle Hermoso, Cordoba
电话： 3548－470006

住宿地 波萨达阿波尔旅馆

波萨达阿波罗旅馆是一家温馨的家庭式旅馆。其客房装饰简单而优雅，拥有各种室内植物和大量的自然光线，从这里可以眺望着3千米以外的远山美景。该旅馆内有一个室内温水游泳池和免费无线网络连接，还为顾客提供美容护理服务。

地址：Sarmiento 161 – 5184 Capilla del Monte, Cordoba

电话：3548-481333

网址：www.posadadelarbol.com.ar

其他住宿地推荐

名称	地址	电话	价格
全景NH 酒店	Av.Marcelo T.de Alvear 251，Cordoba	351-4103900	110～140比索
科尔多瓦美洲公园酒店	Bv.San Juan 165，Cordoba	351-4207000	140～165比索
温莎饭店	Buenos Aires 214，Cordoba	351-4224012	120～140比索
萨赛克斯饭店	San Jeronimo 125，Cordoba	351-4229070	50～70比索
意大利葡萄酒饭店	San Jeronimo 611，Cordoba	351-4226589	32～47比索
克里斯塔尔饭店	Entre Rios 58，Cordoba	351-5355000	59～71比索
阿根廷饭店	Entre Rios 60，Cordoba	351-5355000	35～47比索
皇家饭店	Bv.Peron 180，Cordoba	351,4215000	30～40比索

饕餮一族新发现

科尔多瓦与布宜诺斯艾利斯丰富的菜肴相比显得有些单调，这里的菜主要以肉类和通心粉为主；这里的肉类食物堪称是阿根廷最美味的，尤其是科尔多瓦以北的地区的小山羊肉，让人忍不住对它赞不绝口。

美食店推荐

美食地 Restaurante San Honorato

这是一家在科尔多瓦有着深厚影响力的餐厅。餐厅的风格现代化，里面的氛围温馨，是当地人爱去的美食店之一。在这里，你能品尝到科尔多瓦地道传统的美食。

地址： 25 de Mayo 1208, Cordoba
电话： 351-4535252
网址： www.sanhonorato.com.ar

美食地 Carmelo Restaurant

这是一家拥有着上好服务和高档美食的餐厅，餐厅的美食多种多样，有地道的阿根廷牛肉大餐以及意大利的面食等，另外，餐厅中的甜品也是这里的一大特色。

地址： Luis de Tejeda 3905, Cordoba
电话： 351-4817237

美食地 埃尔阿拉瓦尔

埃尔阿拉瓦尔位于科尔多瓦的市中心以外，是一家非常漂亮的餐馆。每天的特定时间，这里都会有好看的节目和探戈表演。这家餐馆的晚餐特别便宜，顾客可以选择在这个时间段过来，一边看表演一边品尝美食。

地址： Gral. Manuel Belgrano 899, Cordoba
电话： 351-4602990
开放时间： 11:00～15:00,20:00～24:00
网址： www.elarrabal.com.ar

其他美食地推荐

名称	地址	电话
Meiwei Asian Food	Ituzaingo 1168， Cordoba	351-4606167
Mostaza	Jose de Goyechea 2851， 5000 Cordoba	351-4205155
La Nueva Focaccia	Jose Roque Funes 1476， X5009LFN Cordoba	351-4829234
Pinkpanter Fast Food	Santa Rosa 1306， Cordoba	351-4280296
MUNDO FOOD DELIVERY	Nicolos Avellaneda 1210， Capital， Cordoba	351-4740494
Goldenbraders SRL	Av Eduardo Bulnes 1082， Cordoba	351-4224808
Subway	Bv. Chacabuco 565， Cordoba	351-4216150
Mc Pancho Food Service S.A	Av Marcelo T. de Alvear 510， Cordoba	351-4227893

淘宝达人爱去的街店

阿根廷的科尔多瓦市是一个很好的购物地带。这里的商品很多，尤其是这里的皮革制品、银质的首饰、餐具、红纹石等特色商品深受游客的亲睐。此外，这里的手工艺品、红玉、葡萄酒等商品也很有特色。

购物地推荐

购物地 Telas Shop

这是一家以销售手工艺品为主的小店，这里的东西都是经过精心的设计和制作的。在这里，你可以看到店家自己制作的动物小饰品，也可以看到很多经过重新装扮后的裙子以及头巾等。

地址：Ituzaingo 107，Cordoba
电话：351-4240582
网址：www.telasshop.com

购物地 Dexter Shop

Dexter Shop是一家集服装、饰品以及鞋业等为一体的购物中心。这里商品种类很多，齐聚在各个年龄段之间。这里的品牌商品有耐克、Olympikus、美洲狮等，价格较为合理。

地址：San Martin 14, Cordoba
电话：351-4299200

购物地 Villa Cabrera Cordoba Shopping

这是阿根廷一个大型的购物中心这里的商品具用独家的水平和时尚的设计，使得它在这里具有独家的地位。这里有文化娱乐场所、电影院、美食阁、餐厅和咖啡馆。

地址：Ob. Lazcano，Cordoba

其他购物地推荐

名称	地址	电话	网址
Grimoldi Patio Olmos	Av Velez Sarsfield 361, 5000 Cordoba	351-4262332	www.grimoldi.com
Insomnio Nuevocentro Shopping	Av Duarte Quiros 1400, 5000 Cordoba	351-4347120	www.insomnio.com
Libertad	Av Gdor. Amadeo Sabattini 3250, 5000 Cordoba	351-4586800	www.libertadsa.com
El Shopping del Mueble	Rivadavia, Cordoba	351-4235708	www.shoppingdelmueble.com
Libertad	Libertad 1100, 5000 Cordoba	351-4298200	www.libertadsa.com

消夜族恋恋不舍的地方

科尔多瓦是一个养生娱乐的好地方。这里有很多的疗养胜地，像圣史克人工湖附近和科斯金等地方就有很多的疗养场所。在这里，你可以享受到前所未有的高级疗养。当然，这里也有很多的酒吧和娱乐场所可供你选择。

娱乐场所推荐

娱乐地 Club Maipu Squash

Club Maipu Squash是科尔多瓦一个大型的俱乐部。这里有很多的健康中心以及娱乐中心。在这里，你可以体验很多的运动项目，如网球、壁球以及高尔夫球等。

地址： Barcelona 1929, Cordoba
电话： 351-4555156
网址： www.facebook.com

娱乐地 Kaldi Tienda de Cafe

Kaldi Tienda de Cafe是一家大型的娱乐场所。这里有很多的餐厅、水疗中心、音乐会和电影院，能让你在这里度过一个难忘的夜晚。

地址： Tucumon 5000, Cordoba
电话： 351-4247733

娱乐地 Arcafe Sa

Arcafe Sa是一家很有艺术气息的咖啡馆。在这里，你可以一边欣赏室内精致漂亮的装潢，一边喝着店里美味的咖啡，尽情的体验生活。

地址： Barcelona 1929, Cordoba
电话： 351-4555156
网址： www.facebook.com

其他娱乐地推荐

名称	地址	电话	网址
Parrilla Lucero de Alba	Ruta Nacional 38， Villa Carlos Paz， Cordoba	351-2201694	www.lucerodelalba.com
Club Velez Sud	Luis de Azpeitia 3040， X5002BJD Cordoba	351-7570657	www.clubvelezsud.com.ar
HERBALIFE CORDOBA – Argentina – Distribuidor Independiente	Av. Velez Sarsfield 3217， Loc 6-7， Bº Las Flores – Cordoba	351-4640698	www.nutrarlife.com.ar
Discobolo Gym	Jeronimo Luis de Cabrera 665， X5000GUR Cordoba	351-4712577	www.discobologym.com.ar
Club Maipu Squash	Barcelona 1929， Cordoba	351-4555156	www.facebook.com

Part3 门多萨旅游圈 083-094

知道阿根廷的人一定会听说过门多萨，它是阿根廷重要的历史名城。在这里，美味的葡萄酒和风格各异的历史建筑是两大不能忽略的特点。来到这里，看看养眼的名胜古迹、品尝美味独特的葡萄酒是非常享受的事。

门多萨景点分布示意图
圣马丁站
超市
Av.General Paz
蒙特卡蒂尼餐馆
中央市场
San Luis
N
林孔巴斯科饭店
珀蒂饭店
药店
温莎饭店
巴尔维大饭店
Av.Las Heras
圣马丁大街
Necochea
智利广场
圣弗朗西斯科教堂
Gutierrez
9 de Julio
Av.San Martin
San Juan
圣马丁广场
Espejo
拉斯蒂纳哈斯
圣马丁饭店
独立旅馆
Lavalle
门多萨大饭店
门多萨凯悦公园饭店
拉弗洛伦西亚
里茨大饭店
Chile
独立广场
Catamarca
维多利亚女王套间和城堡
Av.España
Rivadavia
25 de Mayo
Av.Sarmiento
阿根廷航空
阳光联营
Citybank
兰智利航空
Montevideo
Amigorena
意大利广场
历史博物馆
温塔拉大饭店
努蒂瓦拉饭店
8月27日饭店
San Lorenzo
阿空加瓜饭店
P.Mendocinas
P.de la Reta
西班牙广场
Rioja
Av.Colon
Av.Mitre
Don Bosco
至市中心
至邮局

门多萨景点

圣马丁公园

观光指数：★★★★★　　推荐指数：★★★★★

圣马丁公园（Parque San Martin）是门多萨绿树成荫的美丽公园，始规划于1897年，由Carlos Thays建立。公园的四周种植了大量的树木，园内还有一个大湖泊、一座玫瑰园和几处体育中心。公园内开设有网球、赛舟和足球等活动，游客不仅可以在这里观赏到美景，还可以参加一些有趣的娱乐活动。从公园的湖边望去，宽阔的湖面风光，让人觉得心情豁然开朗。

资讯信息

地址： Avda Los Platanos S/N 5500 Mendoza

交通： 从市中心乘坐有轨巴士Parque或者50号巴士即可到达

电话： 261-4205052

亲历者体验 FOLLOW ME

在圣马丁公园的里饶一圈，整个人都会变得非常兴奋。呼吸着公园里的新鲜空气，感受着与天地同在的感觉；在玫瑰园中静坐，享受着微风带来阵阵的花香。偶尔，公园中还会有嬉闹的人群来来往往，听着他们的欢声笑语，自己的心情似乎也变得格外的好。

同时可以游览

自然科学博物馆

自然科学博物馆跟历史博物馆不同，这里展示的不是与人们生活息息相关的常用物品，而是一些很古老的恐龙化石、古生物化石和动物以及鸟兽的标本等。在这里，你可以寻找远古历史留下来的物种，或寻找一段被时光掩埋的历史。

地址：Parque Gral San Martin
电话：261-4287666
门票：1比索
开放时间：周二至周五8:30~13:00,14:00~19:00，周六、周日15:00~19:00

动物园

动物园离圣马丁公园不远，这是一个面积非常大的动物园。里面的动物种类很多，如果游客想要一次性看完，可能要耗费大量的时间。

地址：Parque Gral San Martin
电话：261-4281700
门票：成人3比索，儿童1比索
开放时间：9:00~17:00

历史博物馆

观光指数：★★★★　推荐指数：★★★★

历史博物馆（Museo del Pasado Cuyano）展示的是殖民时期使用的家具以及餐具等，博物馆的墙面装饰有很多的壁画，上面绘有引导阿根廷走向独立的英雄圣马丁的肖像。此外，这里还有一些殖民时期的武器展示。特别值得一提的是，这个博物馆里还有一个小型的礼拜堂。

资讯信息

地址：Montevideo 544，Mendoza
电话：261-4236031

亲历者体验 FOLLOW ME

历史博物馆是多数游客很喜欢的一个地方，在这里可以看到一些阿根廷殖民时期的历史，墙上挂着很多的壁画，很有艺术氛围，让人感觉这里不像是博物馆，倒像是艺术画廊。

乡土历史博物馆

观光指数：★★★★　推荐指数：★★★★

乡土历史博物馆（Museo del Area Fundacional）位于佩德罗—德尔卡斯蒂约公园的北侧，它建于西班牙统治时期，立于当时的市政大厦遗址上。博物馆主要展示的是原住民巴尔佩斯人使用过的石箭、石刀以及捕猎用的武器等，虽然不是什么珍贵物品，却非常有意义。

资讯信息

地址： Subsuelo Plaza Independencia Rivadavia 401,Mendoza

电话： 261-4257279

网址： www.notasdecava.com.ar

亲历者体验 FOLLOW ME

这个博物馆展示的物品很有意思，让游客很容易的就看出当时巴尔佩斯的生活情况。此博物馆虽然不是很大，但是那些石箭和石刀等很容易勾起游客的兴趣，是一个非常值得一游的景点。

阿尔韦迪步行街

观光指数：★★★★　　推荐指数：★★★★

阿尔韦迪步行街（Alberdi Walking Street）是门多萨一条热闹的街区，也是这里最大的购物街。每天，这里都会群熙熙攘攘，特别的热闹。与此同时，这里也是一个休闲娱乐的好去处，在这里你可以看到很多特色酒店和餐馆，还有很多娱乐中心。从步行街走过，会经常听到一些用混合乐器演奏着的探戈音乐，它们与这条繁华的街道联系在一起，别有一番风味。

资讯信息

地址： Alberdi Walking Street，Mendoza

开放时间： 全天

亲历者体验 FOLLOW ME

对于喜欢逛街的人来说，这里确实是一个不能错过的地方，这一带娱乐场所和购物店以及餐馆、咖啡厅都很多，是当地人和各地游客特别喜欢的购物游玩地带。对于第一次跨进这个陌生城市的人来说，要想对这个地区做一次全方面的了解，来阿尔韦迪步行街是最合适不过了。

门多萨旅游资讯

自助游必须掌握的交通

航空

门多萨有两个机场，分别是拉斯埃拉斯机场（Las Heras Airport）和州长弗朗西斯科加布里埃国际机场（Governor Francisco Gabrielli International Airport）。州长弗朗西斯科加布里埃国际机场是阿根廷的主要机场，这里每天都有来往于布宜诺斯艾利斯、科尔多瓦、图库曼和萨尔塔等地的航班，也有来往于智利等其他国家的航班。

阿根廷航空公司（www.aerolineas.com.ar）、LAN航空公司（www.lan.com）和中国航空公司（www.airchina.com.cn）均有航班往返于此地。

前往市区交通：从门多萨机场到市区有出租车和公共汽车。机场没有直达市中心的公交车，需要在市中心的公共汽车站换乘，公交车的运行时间为7:00～21:00，票价为1.05比索，大约每45分钟会有一班。因为机场距市中心不是很远，所以打出租到市中心会比较方便，一般打车费用为8～10比索。

长途汽车

门多萨有从布宜诺斯艾利斯、智利的圣地哥亚、乌拉圭的蒙得维的亚以及秘鲁的阿雷基帕等地到达这里的长途汽车。布宜诺斯艾利斯还有几家公司有到门多萨的夜行汽车，一般在16:00～22:30发车，全程所需的时间14～16小时，费用55～85比索。

前往市区交通：从长途汽车站到市内不是很远，步行20分钟左右即可到达市中心的独立广场。当然，游客可以乘坐市内公交车NO.20到达独立广场，还可乘坐出租车到市中心，费用大概在3比索左右。

驴友力荐的住宿地

门多萨是阿根廷的历史名城，每年都有很多游人，这里的住宿类型也很多，从奢华的星级酒店到经济便宜的家庭民居都应有尽有。门多萨的住宿地大致都集中在市中心地区，这一带的酒店从高档、中档到经济型酒店应有尽有，高档的酒店价格比较昂贵，一般在1000比索左右，中档和经济的酒店比较便宜，价格在50～500比索。

住宿地推荐

住宿地 Villaggio Hotel Boutique

Villaggio Hotel Boutique是一家精品酒店，这里的客房宽敞的月亮，配有时尚的家具和艺术装饰品，所有客房均配有液晶平面有线电视，酒店各处都配备了免费无线网络连接。

地址： 25 de Mayo 1010 – 5500 Mendoza
电话： 261–5245200
网址： www.hotelvillaggio.com

住宿地 NH Cordillera

NH Cordillera Hotel位于门多萨的市中心，它靠近中央广场，是购物最方便的地方。酒店设有桑拿浴室和按摩服务中心，客人可以在这里尽情的放松身心。

地址： Av Espana 1342, Mendoza
电话： 261–4416464
网址： www.nh–hotels.com

住宿地 Park Hyatt Mendoza Hotel, Casino & Spa

这家酒店提供舒适的住处，它为游客提供了宽敞明亮的客房，在客房内，有线电视、DVD播放机和办公桌等设施齐全。酒店设有Spa水疗中心和健康中心，客人可以在那里锻炼身体或是放松身心。

地址： Chile 1124, 5500 Mendoza
电话： 261–4411234
网址： www.mendoza.park.hyatt.com

住宿地 Argentino Hotel

酒店位于独立广场的对面，拥有一个游泳池和一间餐厅，提供带免费无线网络连接和时尚客房，所有客房都有优雅的装饰及柔和的色调，并提供完备的客房设施。

地址： Espejo 455 – 5500 Ciudad, Mendoza
电话： 261–4056300
网址： www.argentino–hotel.com

住宿地 门多萨喜来登酒店

这个酒店拥有非常优越的地理位置，距离圣马丁大街仅几步之遥，在这里你可以看到附近街区360度全景。酒店的客房宽敞而现代化，房内设施齐全，所有房间还都可以看到城市美丽的夜景。

地址： Primitivo de la Reta 1009 – 5500 Mendoza, Mendoza
电话： 261–4415500
网址： www.sheraton.com

其他住宿地推荐

名称	地址	电话	网址
Hotel Crillon Mendoza	Av.Peru1065,Mendoza Capital, Mendoza	261–4298494	www.hcrillon.com.ar
Diplomatic Hotel	Av Belgrano 1041, 5500 Mendoza	261–4051900	www.diplomatic.parksuites.com.ar
Club Tapiz Hotel	Pedro Molina s/n – Russell Maipu, Mendoza	261–4960957	www.tvtrip.dk
Bed and Breakfast Plaza Italia	Montevideo 685, 5500 Mendoza	261–4234219	www.plazaitalia.net
Casa Margot	Italia 6016 – 5505 Mendoza	261– 4961877	www.casamargot.com.ar
El Aguamiel	Calle Anchorena s/numero Esquina Calle IV s/numero, Mendoza	261–4975788	www.hotelaguamiel.com

饕餮一族新发现

门多萨的餐饮场所比较集中，尤其是拉斯埃拉斯大街、圣马丁大街以及萨米恩托等繁华街区，这里的餐馆大多都少不了新鲜的葡萄酒和烤肉。在这里用餐，需要注意营业时间，一般的餐馆在中午会有很长的午休时间，而在晚上，很多餐厅都在20:00以后才开始营业。

美食地推荐

美食地 Tristan Barraza Parrilla Restaurant

这家餐厅位于门多萨环境优雅的地区，是一家顶级的烧烤餐厅。在这里，你能吃到阿根廷特色的牛肉，还能品尝到美味的葡萄酒。

地址： Sarmiento 658 – M5500GIP Mendoza
电话： 261–4238621
网址： www.tristanbarraza.com.ar

美食地 拉斯蒂纳哈斯

这是一家以中国和阿根廷菜肴为主的自助餐厅，共有150多个菜品可以选择。这里的烤肉都是现场制作，光是看着就让人垂涎欲滴。

地址： Lavalle 38，Mendoza
电话： 261–4291174
开放时间： 12:30 ~ 15:30，20:30 ~ 24:30（周五、周六20:30 ~ 次日1:30）

美食地 Estancia La Florencia

这是一家非常正宗的烤肉店，在这里，你除了能品尝到各式各样的烤肉外，还能品尝到美味的披萨以及一些传统的面食。

地址： Sarmiento 698 esquina Per ú – 5500 Mendoza
电话： 261–4291564
网址： www.elaflorencia.com.ar

其他美食地推荐

名称	地址	电话
Food Break	Siria 635, Godoy Cruz, Mendoza	261-4395181
Food Patagonia Sa	Ruta 40 S/n – Las Heras, Mendoza	261-4483837
Food Service S.R.L.	Gran Mendoza – Av Espana 1210, 5500 Mendoza	261-4239984

淘宝达人爱去的街店

门多萨不仅有美丽的公园和博物馆，还有很多有趣的购物游玩地。无论在何处，这里的美酒香味总是刺激着你的嗅觉，让你忍不住想要品尝。除了特制的美酒外，这里其他的商品也不能错过。在市中心一带，你可以看到很多品牌商品专卖店，运动的、休闲的，让人应接不暇。不同的风格、不同的格调，让你第一眼看到就难以忘却。

购物地推荐

购物地 Maxi Mall Deportivo

Maxi Mall Deportivo是一家以运动品牌为主的商城，这里有很多著名的运动品牌，如阿迪达斯、元素、bloom、OSX等，只要是稍有名气的运动品牌，在这里你一定能找得到。

地址： San Martin 1468, Mendoza
电话： 261-4255007
网址： www.maximall.com.ar

购物地 门多萨广场购物中心

门多萨广场购物中心有超过160家的门店，其中就包括一个美国式的部门店法拉贝拉，这里有很多有名的品牌，如拉科斯特、李维斯、阿迪达斯等。除了购物之外，这里也是一个放松身心的地方，有电影院、保龄球馆、游乐园，你可以在购物的同时享受到游戏的乐趣。

地址： Villanueva, Guaymallen, Mendoza
电话： 261-4490226

购物地 Mendoza Cascada de Chocolate

Mendoza Cascada de Chocolate是一个独特的巧克力销售中心，这里的巧克力品种多样，适合不同年龄的消费人群，对于大多数购物者来说，这里是一个很不错的地方。

地址： Alberdi 56, Mendoza
电话： 261-4859590
网址： www.happydayseventos.com

购物地 merrell mendoza

这家店里出售登山运动品牌，这里的产品采用了各种独家专利技术，以及高耐用型材质，为人们打造出了多元化的户外功能系列及科技休闲系列产品。

地址： Av.San Martin 1468,Mendoza
电话： 261-4204063
网址： www.grimoldi.com.ar

购物地 奥维斯阿根廷/门多萨飞店

奥维斯阿根廷/门多萨飞店是门多萨一个大型的钓鱼俱乐部，在门多萨这片气候干燥的土地上这家店可算是一片绿洲。这里的鱼类很多，大小类型不等，在这里钓鱼，你可以体验到无限的乐趣。

地址： Dorrego 5519, Mendoza
电话： 261-4318792
网址： www.mendozaflyshop.com

购物地 Herbalife Mendoza Distribuidor Independiente

Herbalife Mendoza Distribuidor Independiente是一家营养品专卖店，它是现在普遍存在的各种因食物而引起的疾病为出发点，打造出一种对人体健康有利的食品。

地址： 12 de Octubre 1387,, Mendoza
电话： 261-5253767
网址： www.myherbalife.com

其他购物地推荐

名称	地址	网址
Libertad	Av. Joaquin V. Gonzalez y Cipolletti – 5501 Godoy Cruz, Mendoza	261–5217204
Videomundo Gamework Local 1003 Mendoza Plaza	Acceso Este Lateral Norte 3200, Mendoza	261–4219100
Cerrajeria del Shopping	Moron 274, Mendoza	261–4203520
Compudat	9 de Julioesq Colon – Mendoza	261–4298200
Grimoldi Palmares Mendoza	Godoy Cruz 5501, Godoy Cruz, Mendoza	261–4139158
Dexter Shop	Av San Martin 1298, Mendoza	261–4233395
Optical Shop	San Juan 777, Mendoza	261–4252681
India Style	Acceso Este Lateral Norte 3280,Mendoza	261–4490100
Cheeky Mendoza Plaza Shopping	Acceso Este 3280 – Mendoza	261–4490214
Fuerza Verde Garden Shopping De Lafi Gloria Estela Y Lafi Silvia Eliza	Gran Mendoza – Av Espana 1210, Mendoza	261–4250738
Papeleria Entre Rios	Entre Rios 72, Mendoza	261–4232229

消夜族恋恋不舍的地方

门多萨的夜生活丰富多样，尤其是在市中心地区，一到晚上的时候，各大咖啡厅、酒吧都纷纷亮起了灯火。繁华的街市上，总有一些人们在街道中行走，他们正在体验着门多萨特有的夜生活。

门多萨的夜间娱乐场所很多，夜晚来临之时，很多喜爱夜间活动的人们就可以畅意的感受阿根廷丰富多彩的夜生活。其中，俱乐部、SPA馆、大型娱乐中心，都是他们爱去的地方。

娱乐场所推荐

娱乐地 梦幻岛门多萨

梦幻岛门多萨是门多萨一个大型的娱乐中心。在这里，你可以体验各种各样的娱乐项目，让你的夜间生活多姿多彩。

地址： Acceso Este Lateral Norte 3000,Mendoza
电话： 3543-459500
网址： www.neverland.com.ar

娱乐地 La Carmela – Restaurant Bar

La Carmela – Restaurant Bar是一个集餐馆与酒吧于一身的小店。这里有一个户外庭院，在那里，人们可以坐在其中享受露天餐饮的乐趣。

地址： Villanueva 298, Mendoza
电话： 261-4299597

娱乐地 Anna Bistro

Anna Bistro是一个夜间消费的好地方。这里气氛浪漫、格调别致，是一家当地人最喜爱的夜间消费场所之一。在这里，你能品尝到各种当地的美食，还能品尝到阿根廷各种各样的葡萄酒。

地址： Av.Juan B，Justo 161, Mendoza
电话： 261-4251818
网址： www.annabistro.com

●阿空加瓜山

Part4 萨尔塔旅游圈

萨尔塔位于阿根廷西北部边境，西邻智利，北同玻利维亚和巴拉圭接壤。萨尔塔著名的景点有很多，不过最让人难以忘记的却是这里绿色的高原和荒凉的大地，虽然与大城市相比显得大相径庭，却有一种说不出的别样风情。

萨尔塔景点

大教堂

观光指数：★★★★　　推荐指数：★★★★★

大教堂（Catedral）建于1858年，它面对7月9日广场，是一座哥特式的建筑。教堂内部金碧辉煌，祭坛上供奉有耶稣雕像和圣玛利亚雕像，它们被作为地震之神而被很多人的信仰。每年9月份，这里会有成千上万名的信仰者前来这里，将这里渲染得热闹非凡。

资讯信息

地址：Iglesia Cathedral，Salta

网址：www.PaginasAmarillas.com.ar

亲历者体验 FOLLOW ME

来到大教堂，会真正体会到什么叫金碧辉煌，教堂的里面供奉着两大雕像，让人肃然起敬。对面的7月9日广场，以其独特的建筑风格成为我们照片中最好的背景。

同时可以游览

北部历史博物馆

北部历史博物馆（Museo Historico del Norte）在原来的市议会大厦内，馆内主要展示的是殖民时期的绘画和古货币等，甚至还有议会大厦以前所使用过的家居用品。

地址：Caseros 549，Salta
电话：387-4215340
门票：1.5比索
开放时间：周一至周五9:30～13:30,15:30～20:30；周六9:30～13:30,16:30～20:30；周日9:30～13:30

人类学博物馆

人类学博物馆（Museo Antropologica Juan M.Leguizamon）距离市中心很近，这是一个探究人类发展的历史博物馆。在这里，你可以看到从托洛溪谷内的印第安古迹中发掘的文物，其中水壶等生活用品，还有弓箭等狩猎工具等，这些东西都让人们感受到那个时代真实的生活。

地址：Ejercito del Nortey Polo Suur
电话：387-4222960
开放时间：周一至周五8:00～18:00，周六9:00～13:00,15:00～18:00

省美术馆

观光指数：★★★　　推荐指数：★★★★

省美术馆（Museo de Bellas Artes）原来是一座私人住宅，这里仅是外观就算得上是一件艺术品，周身通白的外墙看起来就像天使般纯洁。在馆内有很多的艺术品展示，你可以看到风格多样的绘画，也可以看到完美精致的雕刻品。

资讯信息

地址： Av Belgrano 992, A4400AWU Salta Capital, Salta
电话： 387-4214714
门票： 1比索
开放时间： 周一至周六8:30～13:30，16:30～20:30，周日9:30～13:30
网址： www.culturasalta.gov.ar

亲历者体验 FOLLOW ME

1.美丽且富有艺术感

这座美术馆的美无法用言语来形容，不管是从外观还是里面的艺术品来讲都值得人细细品味，在这里，游客可以欣赏到很多艺术家的作品，还可以看到大量的雕刻作品，它们都是艺术界的宝贵财富。

2.适合拍照

在美术馆周边，有一些高大的树木，美术馆在它们的映衬下好像一座遗落在凡间的天使城堡，在这里拍出来的照片如同画出来的一样。

乌里武鲁总统博物馆

观光指数：★★★★　　推荐指数：★★★★★

乌里武鲁总统博物馆（Museo Presidente Jose Evaristo Uriburu）是一座典型的萨尔塔式建筑，博物馆共有6个展览厅，在里面可以看到乌里武鲁家族使用过的古家具、餐具、绘画、书籍等。

资讯信息

地址：Caseros 417，Salta
电话：387-4218174
门票：1比索
开放时间：周二至周六9:30～13:30，15:30～13:30，周日9:30～13:30
网址：www.museonor.gov.ar

亲历者体验 FOLLOW ME

乌里武鲁博物馆很特别，里面介绍的不是人文历史，不是古玩收藏，也不是珍贵的艺术品，而是一些家族使用过的生活用具。它以一个小家族为立足点，折射出来的却是一些贴近生活的历史现象。

卡奇

观光指数：★★★　　推荐指数：★★★★

卡奇（Cachi）位于萨尔塔的西南处，是孔查基河沿岸的一座小城。从萨尔塔到卡奇的途中，游客可以看到类似乌马瓦拉峡谷一样的红色和粉色的断层，也可以看到被叫做奥维斯波山坡的险要陡坡，这里有很多的奇石怪岩。从陡坡攀到尽头，你会看到一大片的平原，那些生命力顽强的巨大仙人掌生活在这片平原上面。

资讯信息

地址：Salta province of Argentina

亲历者体验 FOLLOW ME

在卡奇，你可以看到一大片荒漠的平原，沿途而来，还可以看到很多漂亮的断层，如果你顺着这里的奇岩怪石攀上去，还能见到一大片的仙人掌，这里很适合一些喜欢冒险旅行的人来参观。

萨尔塔景点分布示意图
N
火车站
Necochea
Dean Funes
Pueyrredón
Vicente López
Balcarce
Av.Entre Rios
Rivadavia
圭梅斯广场
Zuviría
J.M.Leguizamón
20 de Febrero
25 de Mayo
B.Mitre
Av.Virrey Toledo
Av.Uruguay
Santiago del Estero
圭梅斯将军纪念碑
人类学博物馆
Paseo Güemes
Ejercito del Norte
拉波斯塔
维多利亚广场
Av.Jujuy
Av.Belgrano
Juramento
科洛尼亚尔饭店
拉帕航空
La Veloz
圣贝尔纳多山
HSBC(兑换)
第纳尔航空
España
7月9日广场
省政府
阿根廷航空，Saltur Turismo
Hertz
Caseros
萨尔塔饭店
乌里武鲁总统博物馆
圣贝尔纳多修道院
省美术馆
梅塞德教堂
市政厅
中餐馆
北部(历史博物馆)
圣弗朗西斯科教堂
Alvarado
Av.Hipólito Yrigoyen
Pasada Del Sol
电话局
弗罗里达
马里利安饭店
Urquiza
缆车乘坐处
埃伦娜住宅
商店林立的商业街
意大利饭店
至机场的公交巴士（No.22）
至手工艺品市场
Av.San Martín
圣马丁大街
Buenos Aires
波利切巴尔德拉马塔尼亚
圣马丁公园
Florida
Alberdi
三普
特拉奥库尔塔青年旅舍
Ituzaingó
Lerma
自然科学博物馆
长途巴士总站
Iglesia la Viña

萨尔塔旅游资讯

自助游必须掌握的交通

航空

萨尔塔是阿根廷一个非常重要的城市，这里有从阿根廷各大城市往返的航班，中国的中国国际航空，汉莎航空，国泰航空，港龙航空都有直飞萨尔塔的航班萨尔塔有两个机场。它们分别是萨尔塔机场（Gen Belgrano Airport，SLA）和埃尔阿亚瓦尔机场（Aeropuerto El Ayabal），萨尔塔是主要的机场，它除了运营从萨尔塔到阿根廷的首都布宜诺斯艾利斯及科尔多瓦等城市的航线外，还运营往返于玻利维亚、巴拉圭和智利的航线。

前往市区交通：从机场到市区可乘出租车前往，如果出发地是萨尔塔机场，那么到市区所需时间约为20分钟，费用大概为28比索；如果从埃尔阿亚瓦尔机场出发，那么所需时间约为15分钟，费用大概是18比索。

长途汽车

萨尔塔有长途巴士，每天从布宜诺斯艾利斯、科尔多瓦及图库曼都有汽车前往这里。从布宜诺斯艾利斯到这里的长途汽车每天都有1～2班，所需时间为20小时左右，费用在66～86比索之间；从科尔多瓦到这里的长途汽车每天都有6班，所需时间约为14小时，另外，从门多萨到这里的汽车为20小时，从图库曼到这里的汽车约为4小时30分钟。

驴友力荐的住宿地

萨尔塔的大型酒店不多，一般的住宅、小旅馆等都集中在长途巴士站和市中心之。这里的7月份是旅游旺季，游客比较多，酒店、旅馆的价格都会呈现上涨的趋势。这里的住宿地从酒店、宾馆、旅舍公寓一应俱全，每个住宿地都有不同的价格和等级之分，有些经济实惠的旅舍和酒店位于环境安静的地方，为顾客创造了安逸的住宿环境。

酒店推荐

住宿地 亚历桑德一世酒店

亚历桑德一世酒店坐落在一栋大规模的建筑内，从这里可以俯瞰Belgrano广场。酒店设有一个室内游泳池、健身中心，客房内均铺有地毯，配有空调和迷你吧。在所有的客房内，均能看到历史悠久的塔楼和周围山谷的美景。

地址： Balcarce 252, Salta
电话： 387-4000000
网址： alejandro1hotel.com.ar

住宿地 Amerian Salta Hotel

Amerian Salta Hotel坐落在萨尔塔市中心一座现代建筑内，是一家拥有时尚装饰的酒店，里面铺有镶木地板和木制家具陈设，还设有游泳池、餐厅和健身中心，这里交通方便，距离考古博物馆等著名景点都很近，方便了游客们的参观。

地址： Santa Fe 159, A4402EOC Salta Capital, Salta
电话： 387-4210693
网址： www.amerian.com

住宿地 威尔逊酒店

威尔逊酒店位于市中心，离广场的3个街区都很近，酒店为顾客提供带免费无线网络连接以及24小时服务的前台。客房内舒适干净，均配有空调、有线电视、办公桌以及带吹风机的私人浴室。另外，酒店里面还有餐厅供应传统的风味特色美食以及部分国际菜肴。

地址： Santa Fe 159, A4402EOC Salta Capital, Salta
电话： 387-4210693
网址： www.amerian.com

住宿地 萨尔塔酒店

萨尔塔酒店位于萨尔塔市中心7月9日大道旁，这是一栋被列为国家文化遗产的新古典主义风格建筑。酒店设有spa水疗中心、健身房和游泳池，客房内配有免费无线网络连接、平面电视、空调和迷你吧，且享有城市美景。

地址： Buenos Aires N°1 - 4400 Salta
电话： 387-4267500
网址： www.eventosalta.com.ar

住宿地 Delvino Boutique Hotel

这家酒店位于市中心一座整修后的大厦内，是第一家以葡萄酒为主题的酒店。它拥有花园戏水池，提供免费的无线网络连接。酒店客房配有电视，并有漂亮的瓷砖装饰，每个房间都围绕着葡萄酒这个主题来装潢，风格独特。

地址： Ameghino 555,Salta
电话： 387-4320092
网址： www.hoteldelvinosalta.com.ar

住宿地 Donna Alda Hotel

这家酒店是一座具有殖民风格的建筑。酒店的房间包括私人淋浴房、空调和采暖，酒店还有一家阿根廷风格的餐厅，为顾客提供丰富美味的早餐和葡萄酒。

地址： Lamadrid 50 - A4404FMB Salta
电话： 387-4227059
网址： www.donnaaldahotel.com.ar

旅舍推荐

住宿地 Salta Por Siempre

这家旅舍邻近圣马丁公园，是这个地区内经济实惠的住宿地。旅舍的客房内有私人浴室，还为顾客提供免费wifi服务，并为客人准备了齐全的洗浴用品。厨房设施是共享的，但是客人也可以享受到酒店为其准备的早餐。

地址： Tucumon 464,Salta
电话： 387-4233230
网址： www.saltaporsiempre.com.ar

住宿地 Alquimia Hostel

这家旅舍为顾客提供了一个安静的环境,以一个设备齐全的厨房和烧烤设施常见,Alquimia旅馆提供免费的wifi和欧式早餐在萨尔塔省。

地址： Vicente Lopez 386，Salta
电话： 387-431442
网址： www.alquimiahostel.blogspot.com

饕餮一族新发现

萨尔塔属于亚热带的干燥气候，一般的植物很难在这里存活，但是这一带却盛产烟草、葡萄、甘蔗和谷物是在这一带胜产。这里的制糖、制酒业发达，所以萨尔塔还是葡萄酒的著名产地之一。在这一带的餐厅中，几乎都有葡萄酒的供应，像白葡萄酒和红葡萄酒等都是当地人们的最爱。

其他美食地推荐

名称	地址	电话
Viejo Jack SRL	Av. Reyes Catlicos 1465，Salta	387-4392802
El Solar del Convento	Caseros 444, Salta	387-4215124
Jose Balcance	Necochea 590, Salta	387-4211628
Van Gogh	Espana 502, Salta	387-4314659
Santana	Mendoza 208, Salta	387-4320941
Casa Moderna	Espana 674, Salta	387-4220066
Malandrino	Balcarce 892, Salta	387-4767653
Restobar La Musa	Esteco 117,Salta	387-4217744
Pizzeria-Parrillada El Triongulo	Ibazeta 527,Salta	387-4319215

淘宝达人爱去的街店

萨尔塔的购物场所几乎都在在萨尔塔市中心一带，这里的购物场所很多，种类齐全，大大小小的商品琳琅满目。

其他购物地推荐

名称	地址	电话
Farmacia San Francisco	Dean Funes 596,A4400EDL Salta	387-4212984
La Negrita Alto NOA	Avda Virrey Toledo 702-4400,Salta	387-5004239
Farmacia Moldes	Cnel. Moldes 401,Salta	387-4310326
La Negrita Alto NOA	Avda. Virrey Toledo 702,Salta	387-5004239
Libertad	Av. Tavella – Y av. Ex combatientes de Malvinas, Salta	387-4269701
Body Sculpture Shopping	Av. Entre Rios y Virrey Toledo, Salta	387-4872306

India Style	Av Toledo 702,Salta	387-4228749
Grimoldi Noa Salta	Av. Virrey Toledo 702 - 4400, Salta	387-4225929

消夜族恋恋不舍的地方

阿根廷的探戈很出名，其中忧愁的探戈更是独具一格。也许是因为阿根廷其他地方的探戈名气太旺，以至于北部地区的探戈不为人知。在萨尔塔，是民间音乐和表演舞蹈集中的地方，这里诞生了很多名曲、歌手以及音乐人。来到这里，如果听听风格迥异的音乐可以说是一大遗憾。

晚上是最适合带上洋溢的激情，走进萨尔塔的娱乐场所，美妙的音乐、浪漫的舞姿，你一定会被它们触动。如果想要放松，这里还有很多的SPA场所以及酒吧，你可以安静地坐在那里，品尝着美酒，放松一下身心，相信这里的夜晚，一定会给你留下深刻的印象！

娱乐场所推荐

娱乐地 大力水手棒球俱乐部

如果你是一个爱好运动的人，那么这个大力水手棒球俱乐部一定不能错过，晚上的时候来这里体验一次轻松的锻炼，不仅能够锻炼身体，还能够放松身心。

地址： 20 de Febrero 1401 Salta
电话： 387-4311881

娱乐地 Bowling Pub

这是萨尔塔一家很有特色的保龄球酒吧，在这里，不仅有美味的阿根廷葡萄酒可以品尝，还有好玩的保龄球活动。

地址： Necochea 795, A4400CMM Salta
电话： 387-4224637

娱乐地 波利切巴尔德拉马培尼亚

这是萨尔塔非常传统的一家培尼亚店，店里的装饰比较特别，是以培尼亚演奏者以及歌手的照片、绘画和乐器等作为装饰。这里白天餐馆，到了22:00以后才开始演奏培尼亚，风格比较随意，很适合普通的市民。

地址： Av.G.S.Mart í n 1126,Salta
电话： 387-4211542
营业时间： 9:00～17:00,21:00～次日4:00
网址： www.bolichebalderrama.com.ar

酒吧推荐

名称	地址	电话	网址
Restobar La Musa	Esteco 117, A4404FGA Salta	387-4217744	www.facebook.com
Viva La Pepa Resto Bar	Pasaje Benjamin Zorrilla 277, Salta	387-4227263	www.vivalapeparestobar.16mb.com
Alquimia Xesto	Alfredo Palacio 2460, Salta	387-5388854	www.facebook.com
La Higuerilla	Gral. G ü emes 595, Salta	387-4229720	www.lahiguerilla.com.ar
Loki Salta	Ruta Nacional 51, La Silleta, Salta	387-5324347	www.lokihostel.com
Backpacker's Suites & Bar	Urquiza 1045,Salta	387-4318944	www.backpackerssuites.com
Aniceto Coffee Bar & Grill	Latorre 3, 4400 Capital, Salta	387-4391514	www.anicetoweb.com

SPA店推荐

名称	地址	电话
Burgos Peluqueria Unisex Centro de Estetica	25 de Mayo 761, Salta	387-4315221
Buddha Spa	Ituzaingo 636,Salta	387-4318403
Club Spa	Santiago del Estero 848, Salta	387-4310676
Woman Spa Unisex	Pueyrredon 634, Salta	387-4218033
Yita Palen Spa Natural	Av Heroes de la Patria 758, Salta	387-4243782
Imix Spa	Av Reyes Catolicos, Salta	387-4393518
The Sheraton	Av.Ejercito del Norte 330, Salta	387-4323000
Cabanas Del Sol	Ruta 28, Km 11, 5 Camino A Castellanos – 4404 San Lorenzo	387-4921821
Aldaba	Mitre, 910, Salta	387-4219455
Legado Mitico Salta	Mitre 647, A4400EHM Salta	387-4228786

Part5 胡胡伊旅游圈 107-116

胡胡伊位于阿根廷的北端，这一带是干燥的安第斯荒原，虽然很不显眼，但这里却有着丰富的矿产资源，尤其是在著名的乌马瓦拉峡谷，丰富的彩矿石让人眼花缭乱，看到这些矿石，让人一下子就能明白这个地方为何会有如此大的魅力。

钟王住宅
胡胡伊国际饭店
贝尔格拉诺广场
Jujuy
大教堂
医院
Dinar
历史博物馆
Austral
至圣马丁公园
全景饭店
胡胡伊宫
Salta
Lavalle
Av.Urquiza
San Martin
Independencia
Av.19 de Abril
Rio Xibi Xibi
Av.H.Yrigoyen
Av.Juan Garcia
Leandro Alem
Av.J.de la Iglesia
L.de la Torre
圣卡洛斯
N

胡胡伊景点分布示意图

胡胡伊景点

乌马瓦拉峡谷

观光指数：★★★★★　　推荐指数：★★★★★

乌马瓦拉峡谷（Quebrada de Humahuaca）拥有壮丽的景色和历史遗迹，在这里，你几乎可以探秘到一万年以前，看到史前狩猎、印加帝国的独立战争等。峡谷一直以美丽而出名，山上的石头五光十色，如稀世珍宝一般光彩夺目。在这里有一座“七彩山”，如同它的名字一样，这座山色彩层次分明，像画家的调色板一样。此外，这座山含有丰富的矿石、如朱红的铁矿石、发绿的铜矿石、淡黄的磷矿石等。

资讯信息

地址： San Salvador de Jujuy

交通： 乘坐从胡胡伊到拉基亚卡方向的巴士即可到达

亲历者体验 FOLLOW ME

1.数量繁多的石矿

这次的胡胡伊乌马瓦拉峡谷之行，让我真正体会到了什么是“矿业之都”，这里好像是大自然特别眷恋的地方，矿石很多，而且还是不同颜色，红的、绿的、黄的等颜色交织在一起，很像是被特意涂饰出来的一样。

2.美丽的七彩山

胡胡伊的七彩山非常著名，这座山的颜色真如它的名字那样绚丽多彩，像彩虹一样的美丽动人，每当阳光照射到山上的时候，它就会发出彩色的光芒，将这里渲染得神秘莫测。

考古学博物馆

观光指数：★★★★★　　推荐指数：★★★★★

资讯信息

地址：Humahuaca，Jujuy

考古学博物馆（Museo Arqueologico）是胡胡伊地区最有历史足迹的博物馆，它建立在文艺复兴风格的帕埃斯宫内，里面收藏有很多伊比利亚、罗马、西哥特、穆斯林、穆德哈雷和文艺复兴时期的各种文物，在这里，游客可以亲自当一回考古学家，探秘一下阿根廷那些遥远的历史。

亲历者体验 FOLLOW ME

考古学博物馆是一个很值得去的地方，在这里，游客可以看到很多古老而宝贵的东西，对于一些爱好古文物的游客来说，这里绝对是一个不能错过的地方。

胡胡伊旅游资讯

自助游必须掌握的交通

航空

由于胡胡伊是干燥的安第斯荒原，这里的交通工具很受限制，对于飞机来说航班的确是不多。每天，只有3班从布宜诺斯艾利斯飞往胡胡伊的航班每次航程约为2小时10分钟。

长途汽车

胡胡伊有从布宜诺斯艾利斯到这里的长途汽车，这里有好几家经营从布宜诺斯艾利斯到胡胡伊的长途运送公司，大约每天会有10班车驶往这里。由于胡胡伊比较偏北，一般从布宜诺斯艾利斯到这里需要20～24小时，费用为64～80比索。从萨尔塔到胡胡伊会比较方便，一般只用2小时即可到达，巴士的运营时间为5:30～22:00，费用为4～6比索。

驴友力荐的住宿地

胡胡伊因地处比较偏远的地区，因而这里的住宿地不像其他大城市那般的昂贵，就连星级酒店也比便宜很多，这里的住宿类型大致可分为酒店、旅馆、山林小屋和乡村民宿几种类型。酒店在这些住宿地里比较奢华，设施很齐全，但是价格一般都不会很便宜，一般为500～1000比索。旅馆的类型也有区分，一般比较偏远的旅馆价格会比靠近景区的便宜，但是总体价格在500比索之间波动。山林小屋是一种比较优雅的住宿地，这些房屋周围一般会有树木环绕，就像中国古代的世外桃源，这种住宿的价格一般与宾馆差不多，但比宾馆要娴静安逸。民宿是很多游客都会选择的住宿类型，这些房子的主人会把自己的房子空出来租给远道而来的游客，这种住宿一般都很温馨，你可以享受到主人们热情的招待，而且它的价格一般都比较便宜，大概为200～500比索。

酒店推荐

住宿地 Vientonorte

这家酒店坐落在风景如画的小镇中心，周边有山水秀丽的风景。酒店的房间宽敞，有大型全景窗户可以看远处美丽的山景，酒店设有加热室外游泳池、日光浴室，客人可在那里放松身心。

地址： Jujuy 536， 4624 Tilcara， Jujuy
电话： 388-4955605
网址： www.hotelvientonorte.com.ar

住宿地 Hotel Altos de la Vina

这家酒店设有SPA中心、2个游泳池、健身中心和餐厅，提供配有免费无线网络连接的客房。此外，酒店还配有网球场、足球场和迷你高尔夫球场。

地址： Pasquini L ó pez， Y4607JNB San Salvador de Jujuy， Jujuy
电话： 388-4262626

住宿地 Las Marias Hotel Boutique

酒店位于Quebrada de Humahuaca谷地，周边群山环抱，风景优美并提供了舒适的客房，内部设施具有传统风格，这里的客房内配有私人阳台，客人可观赏远处的山景。此外，酒店还设有SPA、健身房等设施。

地址： Sorpresa 573， 4624 Tilcara， Jujuy
电话： 388 495-5525
网址： www.lasmariastilcara.com.ar

住宿地 Patio Alto

这是一家经济型酒店，它坐落在胡胡伊省蒂尔卡拉宁静的乡村，有着非常安静的环境。酒店的客房陈设简单，只有一些基本的家庭设施，在酒店外有一个宽敞的花园，客人可在那里放松身心。

地址： Alberro y Torrico - Tilcara， Jujuy
网址： www.patioalto.com.ar

住宿地 **Marques De Tojo Hotel**

酒店铺有特色品牌的德木质地板，装饰精致而气派。客房内配备了卫星电视和DVD播放器，一些房间还有水按摩浴缸。此外，酒店每天会提供自助早餐。

地址： Santa Rosa，4618 Purmamarca，Jujuy
电话： 388-4116001
网址： www.marquesdetojo.com.ar

旅馆推荐

住宿地 **La Posada de Uriel**

这家旅馆离安东尼奥Peloc广场很近，交通非常的便利。旅馆房间提供免费的wifi无线网络和有线电视，并且每天会为客人提供早餐。

地址： Alverro，Tilcara，Jujuy
电话： 388-4955154

住宿地 **Club Hostel Tilcara**

旅馆是一座殖民地风格的建筑，拥有一个室外游泳池，旅店的客房明亮宽敞，配有私人浴室。除此之外，旅店每日还会提供欧洲大陆式早餐与自制的面包。

地址： Jujuy 549，4624 Tilcara，Jujuy
电话： 388-5171234
网址： www.clubhosteltilcara.com.ar

住宿地 **La Posada del Rio**

旅馆位于繁华的商业区，在客房内，客人可以看到这个城市的全景，酒店基本设施齐全，客人可在此享受家居的生活。

地址： Av Costanera，4624 Tilcara，Jujuy
网址： www.laposadadelrio.com

住宿地 **Posada Don Juan**

这家旅馆的住宿环境很舒适，装修的也很温馨。这里的客房都有有线电视和私人浴室等设施，还配有一些必备的洗漱用品。

地址： Tilcara，Jujuy
电话： 388-4955422
网址： www.posadadonjuan.com.ar

住宿地 **Hosteria La Morada**

这家旅馆有一个花园，住客可以在这里享受小型的自然风光。旅馆的装饰以安第斯山脉为主题，室内除了一些基本设施外，还提供免费的无线网络。

地址： Benedetti 460，4624 Tilcara，Jujuy
电话： 388-4955118

山林小屋推荐

住宿地 Cabanas Malka

房间内有大窗可俯瞰花园，且每个房间都设有更衣室和私人浴室。此外，这里还配有餐饮区。

地址： Calle san martin s/n Malka-4624 Tilcara，Jujuy

电话： 388-4955197

网址： www.malkahostel.com.ar

住宿地 Azul Andino

这是一栋非常迷人的平房，它的建筑风格在时尚与传统之间，房间内可以看到附近地区的全景。这里所有的客房都设有私人浴室，还提供免费的洗漱用品。

地址： Sarmiento Sin Numero – 4618 Purmamarca

住宿地 Posada Inti Tanpu

酒店的客房都配备有小型厨房、冰箱和电视等设备，一些房间还有石头壁炉和五颜六色的挂毯，所有的房间都有私人浴室，个别房间还会有功能浴缸。

地址： Alverro 141， 4624 Tilcara， Jujuy

电话： 388-4955192

住宿地 Finca La Colorada

这是一栋木材和石砌建筑，在房间内，有设备齐全的厨房、传统的壁炉、卫星电视和DVD播放机。

地址： Ruta Provincial 35 Km 4 – 4600 San Salvador de Jujuy， Jujuy

电话： 388-5084002

网址： www.fincalacolorada.com.ar

住宿地 Aguacanto Cabanas

这家小屋的房间内装饰有三角墙和瓷砖地板，并配有更衣室、办公桌和有线电视。此外，小屋还配有独立的用餐区和设备齐全的厨房。

地址： ilcara， Jujuy Province

乡村民宿推荐

住宿地 Villa del Cielo

这家民宿位于一个山坡上，从这里可以俯瞰乌马瓦卡峡谷，客房提供私人浴室和有线电视等设施。这里还有一个酒吧，可以为客人提供早餐。

地址： El progreso s/n Barrio La Falda – 4624 Tilcara， Jujuy

电话： 388-4957037

住宿地 Canto Del Viento

这家民宿位于在一个迷人的山脚下，在这里可以尽情的欣赏美丽的山景。它有着浓郁的乡村风格，房间的设施比较简单，但是却很齐备。此外，这里还有一个美丽的花园。

地址： La Banda s/n – 4626 Tilcara， Jujuy

电话： 388-4955429

饕餮一族新发现

胡胡伊是阿根廷农牧业较为发达的地区，这里的美食主要以肉类和蔬菜、水果类为主，在这里，你能品尝到的是美味的肉类食物和甘甜可口的水果。

其他美食地推荐

名称	地址	电话
Restaurant Viracocha	Barrio Centro–San Salvador de Jujuy, Jujuy	388–4233554
Chung–king Restaurant Parrilla	Gral. Alvear 627，San Salvador de Jujuy, Jujuy	388–4222982
Picanteria y Restaurant Locoto Comidas Regionales	Av Jose de la Iglesia 1113，San Salvador de Jujuy，Jujuy	388–4226704
Restaurant Vinzenzo	Jorge Newbery 934，San Salvador de Jujuy，Jujuy	388–4237456
Restaurante Ruta 9	Costa Rica 968，4600 San Salvador de Jujuy，Jujuy	388–4230043
Restaurant Empanaderia Dona Rosa 2	J M Gorriti 77–San Salvador de Jujuy, Jujuy	388–4020439
Restaurant Miralejos	Sarmiento 268，San Salvador de Jujuy, Jujuy	388–4224911
Hotel Gral Belgrano	Av Belgrano，Perico，Jujuy	388–4915150

淘宝达人爱去的街店

胡胡伊可以说是阿根廷不太发达的地区，这一带缺少首都地区的繁华，多了一些壮阔的自然风光。这里的购物地不是很多，但只要你耐心地寻找，总能找到那么几家自己喜欢的购物店。

购物地推荐

购物地 Joyeria Relojeria Laura Valentinuz

这是一家非常有特色的珠宝店，里面的珠宝首饰比较丰富，亮丽的光泽，为这个原本荒凉的地区增添了一丝色彩。

地址： Gral. Belgrano 563， San Salvador de Jujuy
电话： 388-4240072

消夜族恋恋不舍的地方

胡胡伊的娱乐场所大多集中在市中心的地区，这边的人们晚上一般都喜欢去自己喜欢的酒吧，品一杯自己喜欢的美酒来消磨时光，如果你来到这里，不妨也来这里的咖啡店或是酒吧，感受属于这里独特的夜晚吧！

酒吧推荐

名称	地址	电话
Zorba Cafe Bar	Gral. Belgrano 802，San Salvador de Jujuy，Jujuy	388-4243048
Carena Resto Bar	Gral. Belgrano 899，4600 San Salvador de Jujuy，Jujuy	388-4761676
Bar Bertres	Gral. Belgrano 592，San Salvador de Jujuy，Jujuy	388-4310581
Nacho Resto Bar - Comidas Caseras y Para Llevar	Gral. San Martin 197，San Salvador de Jujuy，Jujuy	388-4238692
Gula Resto	Sarmiento 268，4600 San Salvador de Jujuy，Jujuy	388-4224911
Bar - Resto Tabac	Gral. San Martin 270，San Salvador de Jujuy，Jujuy	388-4243819
Le Petit Bar Pasteleria	Gral. Lavalle 415，San Salvador de Jujuy，Jujuy	388-4226202

Part6 圣卡洛斯—德巴里洛切旅游圈

117-128

圣卡洛斯—德巴里洛切位于纳韦尔瓦皮湖畔，其周围有连绵的山脉，景色非常美丽。圣卡洛斯—德马坦克洛切最美的时候是秋冬两季，铺满鲜红枫叶的道路、被白雪覆盖着的山峰，让人对这里喜爱不已。

圣卡洛斯—德巴里洛切景点分布示意图

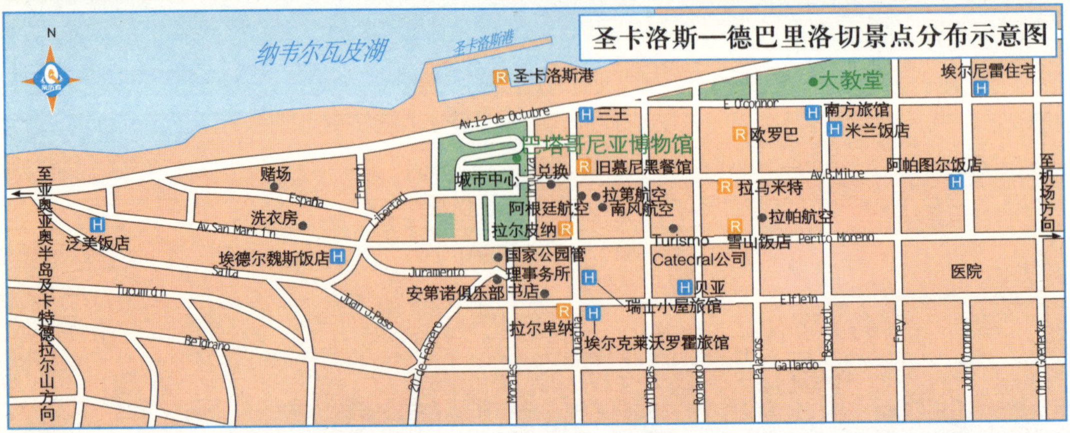

● 圣卡洛斯—德巴里洛切风光

圣卡洛斯—德巴里洛切景点

奥托山

观光指数：★★★★★　　推荐指数：★★★★★

奥托山（Cerro Otto）是一个可以鸟瞰巴里洛切和它周围区域的地方，位于圣卡洛斯—德巴里洛切5千米处，从这里可以坐缆车直达山顶。不同季节来到这里，你会获得不同的感受，冬季的时候，这里的越野滑雪和雪橇会让你倍感刺激；夏季，在这里徒步旅行和骑山地自行车会让你心情惬意。

资讯信息

地址： San Carlos de Bariloche, Rio Negro
门票： 30比索
开放时间： 10:00～5:00
网址： www.telefericobariloche.com.ar

亲历者体验 FOLLOW ME

奥托山是一个美丽的地方，乘坐缆车沿途会看到周围群山的壮观景色，来到山顶还可以在这里的旋转餐厅品尝一杯美味的咖啡，心情也会格外的好。

卡特德拉尔山

观光指数：★★★★★　　推荐指数：★★★★★

卡特德拉尔山（Cerro Catedral）是位于奥内格罗省西部的纳韦尔瓦皮国家公园中，一个滑雪胜地，这座山因山峰被冰川不断侵蚀而呈现出教堂形状的山脉，所以这座山也被叫做大教堂山。这座山的山脚下是一座大型的滑雪场，每年6~9月份，会有很多人来这里滑雪。对于那些喜欢冒险和滑雪的人来说，这里是一个值得游览的宝地。

资讯信息

地址：Rio Negro Province

亲历者体验 FOLLOW ME

这个滑雪胜地显然是名副其实的，从山脚往上看，厚厚的雪将山全部覆盖，为人们创造出一片银装素裹的区域，抬头看还会看到很多急速下降的滑雪人群，很激动，很兴奋，让人忍不住亲身体验一番。

纳韦尔瓦皮国家公园

观光指数：★★★★★　　推荐指数：★★★★★

纳韦尔瓦皮国家公园（Parque Nacional Nahuel Huapi）是圣卡洛斯—德巴里洛切的一大亮点，国家公园的起源可以追溯到1903年。这个公园是阿根廷第一个国家公园，在1922年的时候，它被宣布成为阿根廷"国家公园"。国家公园有很强的国际知名度和吸引力，这里有名气很旺的纳韦尔瓦皮湖和山特罗纳多峰，还有许多高山、峡谷，在这里，你可以看到60多个湖泊和池塘以及无数的河流。

资讯信息

地址：San Martin 24, 8400 San Carlos de Bariloche, Rio Negro

电话：294-4423111

网址：www.nahuelhuapi.gov.ar

亲历者体验 FOLLOW ME

纳韦尔瓦皮国家公园是一个非常漂亮的地方，这里有很多的树木和湖泊，还有一些漂亮且安静的山林小道，顺着小道行走可以看到湖上很多美景。湖面如镜子一般光亮，阳光照射在湖面上，镜子一般的湖面会将光线折向四方。在湖边的不远处，还有很多黄连翘，十分漂亮。

同时可以游览

特罗纳多峰

特罗纳多峰（Cerro Tronador）是安第斯山脉层状死火山，它位于阿根廷和智利接壤边境，险峻壮丽。这里终年被积雪覆盖，是附近地区的登山热点。在这里可以乘坐缆车到达山峰，可以360度观看沿途的风景。

地址：San Carlos de Bariloche, Rio Negro

●特罗纳多峰

圣卡洛斯—德巴里洛切旅游资讯

自助游必须掌握的交通

航空

圣卡洛斯—德巴里洛切距离布宜诺斯艾利斯并不是很远，这里有从布宜诺斯艾利斯直飞的航班，每天有10～13班，航程约为2小时20分。此外，从阿根廷其他的地方也有飞往这里的航班，从乌斯怀亚到这边的飞机约为2小时，除了周四以外，每天会有一班飞机飞往这里，但是会因为季节的不同季节而影响航班数和飞机时刻的变化。

圣卡洛斯—德巴里洛切的机场距离市中心不是很远，机场有发往市内的巴士，它们与飞机到达的时间相吻合，所以乘坐这种巴士到市区会非常的方便，费用一般为5比索。另外，你也可以乘坐出租车前往市内，不过出租车的费用一般会比较高，大约为20比索。

汽车

圣卡洛斯—德巴里洛切有一个长途巴士总站，每天都有很多汽车往返这个城市。从布宜诺斯艾利斯到这里的汽车每天大约有12班，每次行程约20～23小时，费用大概为65～75比索。从马德普拉塔每天也有2～3班的汽车到达这里，每次行程大约为23小时。

火车

圣卡洛斯—德巴里洛切的火车站很小，但到别德马和亚科巴奇之间有火车运行，从巴里洛切到别德马的头等车厢的费用为20比索。

驴友力荐的住宿地

圣卡洛斯—德巴里洛切是阿根廷最大的疗养胜地，这里的住宿场所很多，类型多样。每年这里会有一段时间为旅游旺季，那时游人会很多，房费也会有一定程度的上涨。这一带的住宿地大致有酒店、旅舍、宾馆以及度假村几种类型。酒店是一种比较舒适的住所，一般是人们最优先选择的住所，这里的酒店总体价格为500～1000比索。旅舍是一种普遍经济的住宿类型，同一家旅舍的住宿价格也会有所差异，他们会根据住宿条件的好坏来收取费用，这一带旅馆的价格约为50～500比索。宾馆是一种适合短期住宿的场所，待遇和酒店相同，价格也跟一般的酒店略有相同之处。度假村是一种比较闲适的住宿，这对于爱好安静的游客来说无疑是最佳的选择，这些度假村一般选在安静闲适的地区，它们的价格比一般的旅舍要贵些，大致价格为500比索左右。

酒店

住宿地 Monasterio Hotel Boutique

Monasterio酒店配有山区风格的典雅装潢并铺有镶木地板，所有客房均享有湖景，配有平面有线电视以及带Spa浴缸的私人浴室。部分客房还设有厨房设施。

地址： Jorge Luis Borges 4910, R8402EYL San Carlos de Bariloche, Rio Negro

电话： 294-4521433

网址： www.hotelmonasterio.com.ar

住宿地 Alma Del Lago Suites

Alma Del Lago Suite酒店提供现代的住宿以及广泛多样的Spa设施，为客人创造了上好的休闲环境，酒店拥有一间高档餐厅和葡萄酒吧，客人可在那里品尝到美味的阿根廷葡萄酒。

地址： Av Exequiel Bustillo 1151, 8400 San Carlos de Bariloche, Rio Negro

电话： 294-4521500

网址： www.almasuites.com.ar

住宿地 View Hotel

这家酒店距离市中心和纳韦尔瓦皮湖很近，方便客人前去参观，酒店的客房以暖色调装饰，让客人有种回到家的感觉。此外，酒店还设有时尚的餐厅。

地址： Tucuman 221, 8400 San Carlos de Bariloche, Ro Negro

电话： 294-4522221

网址： www.viewboutiquehotel.com

住宿地 Hotel Cristal

Hotel Cristal位于商业市中心，是一个生活非常方便的住宿地。酒店的客房设有独立的休息区和私人浴室，为客人提供了一个属于自己的隐私空间，所有客房还包括迷你吧和安全保管箱。

地址： Mitre 355, San Carlos de Bariloche, Rio Negro

电话： 294-4422442

网址： www.hotel-cristal.com.ar

住宿地 Hotel Knapp Cerro Catedral

Hotel Knapp配有连接浴室和免费无线网络连接的现代客房，有些客房还配有卫星电视。酒店的部分客房能看到周围高山和滑雪坡美丽的景色，喜欢滑雪的客人还可以参加滑雪课程。

地址： Tucuman 221, 8400 San Carlos de Bariloche, Ro Negro

电话： 294-4522221

网址： www.viewboutiquehotel.com

旅舍

住宿地 Tangoinn Downtown

Tangoinn Downtown设有水力按摩浴缸和一个带台球桌的休息区，所有客房内都设有私人浴室和液晶电视，部分客房还可以看到周边湖泊和山脉的全景。

地址： Salta 514, R8400ARJ San Carlos de Bariloche, Rio Negro
电话： 294-4400004
网址： www.tangoinn.com

住宿地 Hostel Condor de los Andes

Hostel Condor de los Andes位于在风格迷人的建筑内，附近的景色都非常优美，这家旅舍的客房以暖色调进行装潢，客房设有私人浴室。

地址： Neumeyer, 8400 San Carlos de Bariloche, Rio Negro
电话： 294-4522448
网址： www.condordelosandes.com

住宿地 Green House Hostel

Green House Hostel是一个绿色的房子，让人看着心情舒爽。旅舍的房间有电视、DVD播放机，还有浴室，并为客人提供了必备的洗浴用品。

地址： Av Exequiel Bustillo 4651, 8400 San Carlos de Bariloche, Rio Negro
电话： 294-4442267
网址： www.greenhousehostel.com.ar

住宿地 Hostel Tierra Gaucha

Hostel Tierra Gaucha位于圣卡洛斯—德巴里洛切市中心，是很多人都非常喜欢的住宿地。这里的客房提供私人或共享浴室，还配有有线电视以及无线上网设施。

地址： Vice Almirante O'Connor 766 - 8400 San Carlos de Bariloche
电话： 294-4441193

住宿地 Hostel Los Coihues

Hostel Los Coihues为客人提供了一个安静的环境，旅舍有花园和厨房，还提供公共浴室。

地址： Parque Nacional Lihuel Calel 156 - 8400 San Carlos de Bariloche
电话： 294-4467481

宾馆

住宿地 Hosteria Sudbruck

Hosteria Sudbruck非常适合爱好滑雪的客人居住，这里离滑雪中心很近，而且在客房内还能看到全面的山间美景。

地址： Carlos Bustos 151, Base Cerro Catedral - 8400 San Carlos de Bariloche
电话： 294-4460156

住宿地 Hosteria Las Marianas

Hosteria Las Marianas有着特色迷人的阿尔卑斯风格装饰，木制的家具和铺有地毯的木板让它看起来格外的亲切，宾馆的房间配有有线电视和私人浴室。

地址： 24 de Setiembre 218, 8400 San Carlos de Bariloche, Rio Negro

电话： 294-4439876

网址： www.hosterialasmarianas.com.ar

住宿地 Hosteria Nogare

Hosteria Nogare附近有很多的娱乐中心，方便客人的娱乐休闲生活。这里的客房非常明亮，有木制办公桌、有线电视和私人浴室等设施，还提供带免费无线网络连接。

地址： Elflein 58, 8400 San Carlos de Bariloche, Rio Negro

电话： 294-4422438

度假村

住宿地 Villa Sofia Resort

Villa Sofia Resort拥有舒适宽敞的客房，客房内提供私人浴室以及有线电视等设施，此外，它还有一个设备齐全的健身房和水疗中心。

地址： Av de Los Pioneros 200, R8400BIO San Carlos de Bariloche, Rio Negro

网址： www.villasofia.com.ar

住宿地 Aldea Andina Resort

Aldea Andina Resort提供带阳台的客房，从那里可以看到周边的森林景色。这里的客房极具欧式风格，浪漫而且温馨，并且还配有迷你吧和液晶电视。

地址： Av de Los Pioneros 8400, San Carlos de Bariloche, Rio Negro

网址： www.aldeaandinaresort.com

饕餮一族新发现

圣卡洛斯—德巴里洛切的美食场所主要集中在佩里托·莫雷诺街，这里有很多的小吃店和餐馆，菜肴十分丰富。这里最有名的便是由鳟鱼烹饪的菜肴，这里的鳟鱼是在这一带天然形成的湖泊中成长的，味道非常纯正，与在菜市场买的具有天壤之别。这一带还有一种非常有名的特产，那就是鹿肉，跟鳟鱼一样，这里的鹿肉也是非常美味，制作方式也很特别，口感相当好，是来到这里旅游的人们不可错过的美食。

美食地推荐

美食地 El Boliche de Alberto

这是圣卡洛斯—德巴里洛切一家装修时尚的烤肉店，在这里，你可以品尝到阿根廷各种风味的烤肉，以及当地很有特色的葡萄酒。

地址： Villegas 347, San Carlos de Bariloche
电话： 294-4431433
网址： www.elbolichedealberto.com

美食地 Dias de Zapata

这是一家传统的墨西哥美食餐馆，在这里，你可以尝到墨西哥特色的辛辣味美食，还能尝到丰富多样的玉米大餐。

地址： Morales 362, San Carlos de Bariloche
电话： 294-4423128
网址： www.diasdezapata.com.ar

美食地 Rock Chicken

Rock Chicken是圣卡洛斯—德巴里洛切一家非常有名的快餐店，这家店一般在晚上的时候人比较多，许多逛完街的人们纷纷到店里来品尝这里特色的牛肉、汉堡和炸鸡等。

地址： Rolando 245, San Carlos de Bariloche
电话： 294-4435669
网址： www.viajeros.com

美食地 拉安第纳

拉安第纳是一家很受当地人欢迎的餐馆，这里的食物价格合理，美味独特，尤其是通心粉、比萨以及肉类、汤类等，非常符合当地人和外来游客的口味。

地址： Elflein 95, San Carlos de Bariloche, Rio Negro
电话： 294-4423017
营业时间： 12:00 ~ 15:30,20:00 ~ 24:00

其他美食地推荐

名称	地址	电话
Mostaza Restaurant Rock Chicken	Don Bosco 1486,Rio Negro, Rio Negro	294-1433282
Big Food S.r.l	San Carlos de Bariloche Airport – 8400 San Carlos de Bariloche, Rio Negro	294-4428955
Patagonia Wild Food S.A	San Carlos de Bariloche Airport 8400 San Carlos de Bariloche, Rio Negro	294-4423156
La Alpina	F. P. Moreno 98,San Carlos de Bariloche, Rio Negro	294-4425693
Dias de Zapata	Morales 362, San Carlos de Bariloche, Rio Negro	294-4423128
Hostel 41 Below	Juramento 94,San Carlos de Bariloche, Rio Negro	294-4436433
Hotel Panamericano Bariloche	San Martin 536, R8400ALS San Carlos de Bariloche, Rio Negro	294-4409200
Covita	Valte O'Connor 511 San Carlos de Bariloche, Rio Negro	294-4421708

淘宝达人爱去的街店

圣卡洛斯—德巴里洛切虽然是滑雪旅游的最佳场所，但是这一带却缺乏购物的地方，也许是因为天气原因，这一带的购物店有限，而且这里的商品比其他地方会稍微贵一些。

其他购物地推荐

名称	地址	电话	网址
Scandinavian Ski & Outdoor Shop	Mitre 219, San Carlos de Bariloche, Rio Negro	294-4433170	www.scandinavian.com.ar
ECO Eurocamping Outdoor	Rolando 257, R8400GQE San Carlos de Bariloche, Rio Negro	294-4422275	www.eurocampingonline.com.ar
Hotel Panamericano Bariloche	San Martin 536, R8400ALS San Carlos de Bariloche, Rio Negro	294-4409200	www.hotelespanamericano.com
Fravega	Onelli 407, 8400 San Carlos de Bariloche, Rio Negro	294-4428314	www.fravega.com

消夜族恋恋不舍的地方

圣卡洛斯—德巴里洛切的夜生活不是很丰富，这里最热闹的时候集中在白天，不过，晚上闲暇无事的时候，这里还是有酒吧和SPA场所可供游客选择。经历了白天惊险刺激的滑雪活动，晚上在这里的酒吧喝喝酒聊聊天，或是找一个SPA中心放松一下，也是一件很不错的事。

酒吧推荐

名称	地址	电话
Kostelo Lake Bar	Quaglia 111, 8400 San Carlos de Bariloche, Rio Negro	294-4439697
The House Hostel, Resto & Bar en Bariloche	Onelli 158, 8400 San Carlos de Bariloche, Rio Negro	294-4423570
Mondella Bar Resto & Cafe	Av.Angel Gallardo 35, 8400 San Carlos de Bariloche, Rio Negro	294-4421277
Frandis	Salta 215, 8400 San Carlos de Bariloche, Rio Negro	294-4424142
After7 Bariloche	Espana 268, R8400AJF San Carlos de Bariloche, Rio Negro	294-4593973
Moe S Resto & Bar	Angel Gallardo 5AV. 910, San Carlos de Bariloche, Rio Negro	294-4434130

SPA店推荐

名称	地址	电话
C I M Instituto Spa	12 de Octubre 971, San Carlos de Bariloche, Rio Negro	294-4432739
Catalonia Sur Aparts-Spa	Sauco 15, 8400 San Carlos de Bariloche, Rio Negro	294-4520789
Spa del Sur	Albarracin 495, San Carlos de Bariloche, Rio Negro	294-4458398
Charming Lodge Spa	Av Exequiel Bustillo, 8400 San	294-4462889
Village Catedral	Base del Cerro Catedral - 8401 San Carlos de Bariloche, Rio Negro	294-4460140
Patagonia Vista	Exequiel Bustillo 5AV. 8400, San Carlos de Bariloche, Rio Negro	294-4448735
Village Catedral	Villa Catedral - Rio Negro	294-4460140
Spa del Cerro	Avda Carlos Bustos s/n - Base del Cerro Catedral - Villa Catedral, 8400 San Carlos de Bariloche, Rio Negro	294-4460140
Charming Luxury Lodge & Private Spa	Av Exequiel Bustillo 500, R8402AEV San Carlos de Bariloche, Rio Negro	294-4462889

Part7 其他不可错过的旅游地

129-131

除了之前介绍的那些景区外，阿根廷还有很多地方等待着游客前去探访。壮阔的伊瓜苏瀑布、令人惊叹的巨鲸奇观、纯天然的自然美景、可爱的野生动物……如果你对这些感兴趣，那么接下来介绍的景点肯定不会让你失望！

伊瓜苏国家公园

观光指数：★★★★★　　推荐指数：★★★★★

资讯信息

地址：米西奥斯内斯省，伊瓜苏地区

交通：乘12路车或乘巴士即可到达

伊瓜苏国家公园（Iguazu National Park）建于1934年，它位于阿根廷米西奥斯内斯省（Misiones）的西北部，距离阿根廷的首都布宜诺斯艾利斯约1400千米，跨越阿根廷和巴西国界。这个公园是世界上最著名的自然景观之一，著名的伊瓜苏瀑布就位于此公园之中。这里的植物多达2000种，包括巨大的树木、蕨类植物、藤本植物等；另外这里还有鹦鹉、巨嘴鸟等400多种鸟类，还有美洲虎、貘、水豚、雪豹、食蚁兽和美洲豹等野生动物。

伊瓜苏瀑布

伊瓜苏瀑布呈弧形，因其在泻入深渊时发出的轰鸣声加上深渊内震耳欲聋的回声令人惊心动魄，因此它亦有“鬼喉瀑”的怪名。该瀑布是由很多大大小小的瀑布组成的三大瀑布群，汛期时，三大瀑布群连成一道垂挂于峭壁之上的天幕，水天一色。当阳光照射到水雾上时，四周就会映现出一条条五彩缤纷的彩虹，景色极为壮观。

亲历者体验 FOLLOW ME

1.万马奔腾的景象

伊瓜苏瀑布的水流很迅速，每秒平均达1万多立方米的巨大水量覆盖崖壁，形成了一道半圆形的水幕，它们顺着岩壁狂泻而下，声势非常浩大，犹如千万的马匹在草原上奔腾。

2.为数众多的动植物

阿根廷的伊瓜苏国家公园吸引人的不仅仅是园内壮阔的伊瓜苏瀑布，园内的自然景观也是一大美景。国家公园很大，里面有宽广的森林、大量的沼泽，还有野猪、山猫、猿猴等众多动物出没其间。

瓦尔德斯半岛

观光指数：★★★★★　　推荐指数：★★★★★

资讯信息

地址： 阿根廷丘布特省东北部沿海

瓦尔德斯半岛（Peninsula Valdés）濒临大西洋，90%以上都是高原地形，其余为倾斜的海滩和悬崖。它的海岸因海水的侵蚀变为斜坡，南部的陆地与半岛的突出部交接，形成了一个圆形的平静海湾。瓦尔德斯半岛虽然干燥、荒凉、多风，却有着特别美丽的生态环境。这里有大量的浮游生物、海藻和贝类，同时也有海狮、海象、海豹、座头鲸、海豚和麦哲伦企鹅等海洋生物。这里的野生动物也不少，如南美野生羊驼、小美洲鸵、巴塔戈尼亚狐狸和巴塔戈尼亚野兔等，在这里你都可以发现它们的足迹。

巨鲸奇观

每年的6～7月份，瓦尔德斯半岛上便有很多巨大的抹香鲸聚集，场景甚为壮观。那时，你可以看到成群结队的巨鲸掠过湛蓝的海面，有的头顶喷出两道水柱，形成字母V形；有的突然腾空而起，跃出水面；有的拍打数米长的巨鳍，发出巨响；还有的乘风展翅在水面滑翔。这段时间，这里便成了巨鲸们的栖息地，游客可以在这里看到很多不同种类的巨鲸。

亲历者体验 FOLLOW ME

瓦尔德斯半岛是野生动植物最适合生存的地方，有很多濒临灭绝的动植物都在这里生存下来，看到它们，令人不得不发出要保护大自然的感叹。这里有海洋、森林，还有大量的动植物，这是每一个喜欢大自然的人们最热爱的地方。

伊维拉自然保护区

观光指数：★★★★　　推荐指数：★★★★

资讯信息

地址： 阿根廷科连特斯省

伊维拉自然保护区（Ibera Natural Reserve）是巨大的河口、沼泽、湿地以及盆地的礁湖等生态系统的保护地，它作为阿根廷一个主要的自然保护区，将众多的野生动物和植物聚集在这里。这里有一个特殊的生态系统和许多有趣的景点，它是一个纯粹的科学天堂，其水资源主要来自降雨。保护区里有大型水獭、鬃毛狼、以及沼泽地区的鹿等天然保护物种，除此之外，这里还有两种阿根廷的鳄鱼和南美宽吻鳄。平日，这里的游客很多，他们都是为了观赏这里的野生动物而来。

●智利百内国家公园

导读:360° 看智利

智利名片

中文名称：智利共和国

外文名称：Republic of Chile

直属洲：南美洲

首都：圣地亚哥

主要城市：瓦尔帕莱索、伊基克、圣佩德罗·得阿塔卡马、蒙特港等

时区：UTC-4

电话区号：+56

1 智利人文：快乐读智利

历史

智利共和国，位于南美洲西南部，安第斯山脉西麓，南太平洋东海岸，面积75万多平方公里，是世界上地形最狭长的国家。这个国家有着非常久远的历史，它最早可追溯到印第安人在此居住的时期。

早期历史

在很久以前，印第安人作为原居民生活在智利这片土地上。十五世纪时期，其北部由印加帝国统治，南部则被阿劳坎人控制，主要以渔猎或农业生产为生。

西班牙殖民者的入侵

16世纪30年代，西班牙殖民者弗朗西斯科·皮萨罗（Francisco Pizarro）征服了印加帝国（后秘鲁）并派遣迪高·阿尔马格罗（Diego de Almagro）入侵智利，但遭到印第安人的袭击，无功而返。1540年，皮萨罗又派出皮治奥·巴尔迪维亚（Pedro de Valdivia）侵入智利，并陆续建立圣地亚哥、康塞普西翁和瓦尔迪维亚等城镇，智利开始逐步沦为西班牙殖民地。

西班牙殖民时期

殖民初期，智利由秘鲁总督直接管辖，1778年，西班牙王室成立智利都督府和检审庭，作为智利的最高统治机构。此时，智利的经济以农业为主，畜牧业也占有一定比例。殖民期间，西班牙殖民者侵占智利的大片土地，推行委托监护制，逼迫印第安人从事农业劳动，并命令他们采掘贵重金属，令当地人民痛不欲生。智利人民在这期间曾多次举行反殖民起义，但均被镇压。直至1810年，圣地亚哥的土生白人推翻了殖民政权，成立独立政府。然而，1814年10月，秘鲁总督派兵前来，智利又重新被西班牙殖民者统治。

独立运动时期

恢复西班牙殖民统治后，智利人民起义不断，民族志士在贝尔纳多·奥希金斯(Bernardo O’Higgins)的带领下，越过安第斯山，与何塞·德·圣马丁（Jose de San Martin）的军队会合，

并于1817年进军智利，在查卡布科(Chacabuco)大败西班牙殖民军。1818年2月12日，奥希金斯正式宣布智利独立，成立智利共和国。

独立初期

智利独立后，奥希金斯政府推行一系列进步措施，取消了贵族爵位，并发展公立学校和鼓励对外贸易。1831年，保守党上台执政，制定宪法，确立天主教为国教。保守党执政时期，大力发展铜矿业，与此同时，大量的英美资本投入硝石、铜矿开采业以及铁路，智利经济开始转入春天。1879年，南美太平洋战争爆发，智利吞并了秘鲁的塔拉帕卡省和阿里卡省，以及玻利维亚的安托法加斯塔地区。

国会共和时期

1891年，海军军官豪尔赫·蒙特发动内战，夺取政权。此后，地主阶级联合进出口商通过国会控制政府，开始了所谓“国会共和时期”。这一时期工人阶级队伍开始成长起来，并成立了联合会。1920年，自由联盟候选人亚历山德里当选为总统。1925年，制定新宪法，规定选民直接选举总统，实行政教分离,征收累进税，政府有权征用私人财产。1936年,激进党、共产党、社会党、民主党和劳工联盟组成人民阵线。激进党先后推举了三任总统，期间大力兴办学校，成立“生产开发公司”，发展民族工业，向农民贷款，发展对外贸易。20世纪50年代，由于美国资本的控制，智利民族工业发展缓慢，农业亦非常落后，大部分可耕地都掌握在大地主手中，人民生活日益困苦，反帝反封建的民族民主革命运动日益发展。1964年，政府迫于人民的压力，对美资铜矿公司实行“智利化”（即合营），同时征收地主的部分土地分配给农民。1970年，社会党阿连德开始执政，实行了一系列重大经济和社会改革，同年12月与中国建交。

军人执政时期

1973年，军人发动政变。军政府执政后，禁止政治活动，取缔所有政党。但依靠休克疗法，智利经济有所发展，人民群众对军政府的不满情绪日益强烈。1990年，军政府统治者皮诺切特还政于民选政府，但仍担任陆军司令一职直到1998年退休。此后，智利开始了新的发展局面。

现在的智利

自军人“还政于民”以来，智利政局保持稳定，重视民生，加大社会投入，扶持中小企业等一系列兼顾公平与效率的改革措施，致力于使经济的发展惠及社会各阶层。2007年巴切莱特政府受到圣地亚哥公共交通系统改革失败、国家铜公司合同工罢工、全国统一工会大游行、社会治安状况恶化等问题困扰，民意支持率下降，但智利政局基本保持稳定。

现在的智利，是南美洲较为安定的国度，经济上也是拉丁美洲中比较富裕的国家。虽然在其整个历史的各个时期都所面临过危机，但最近几年已经有了很大的改善，经济等各方面都处于持续增长趋势。2010年，智利正式签署加入经济合作与发展组织的协定，是南美洲首个加入该组织的国家。智利政府还重视发展旅游业，在原有的沿海海滨和南部风景区的基础上，又投资开辟了一些新的旅游景点，进一步完善旅游服务设施，如建造滑雪中心、组织南极观光和国际音乐会等。

文化

智利独立前，作为西班牙殖民地，被殖民者统治多年，使得其在文化上深受西班牙文化的影响。此外，还因为独立后的政府曾大力鼓励欧美移民在智利发展，使其在文化上又吸收了欧洲移民传统和北美潮流，再加上原有的印第安人风俗，使得智利既有别于世界各文化，却又能看到许多相似的地方。

语言

智利的官方语言为西班牙语，官方文字为西班牙文字。在印第安人聚居区使用马普切语。

文学

智利文学基本上是在西班牙殖民时期开始的，1569至1580年出版的《阿劳加纳》是第一部记载智利历史事件的史诗，真切地记录了印第安阿劳加族人反抗入侵者的斗争。独立战争前后，又先后涌现出一些对当时的文学深有影响的诗人和作家。国会共和时期，政府邀请和接纳了一些外国文学家，这些文学家致力于智利的文化和教育事业，并创办杂志、报纸，为知识文化的普及和新思想的传播做出了重要贡献，并为智利培养出了许多杰出的文化接班人。1842年文学运动后，浪漫主义与风俗主义诗歌颇为流行，并涌现出大批文学家，智利文学开始走向兴盛。其中，带有浪漫主义倾向的诗人欧塞维奥·利略,1845年受政府委托创作国歌，其歌词沿用至今。

20世纪初期，现代主义诗歌衰落之后，智利出现了几位具有独创性的诗人，其中女诗人加夫列拉·米斯特拉尔和诗人巴勃罗·聂鲁达，对整个拉丁美洲的诗歌产生了深远影响。1945年，米斯特拉尔获诺贝尔文学奖，成为第一个获此奖的南美洲作家，代表作《死的十四行诗》；1971年，聂鲁达获诺贝尔文学奖，代表作《二十首情诗和一支绝望的歌》。他们对智利的文学影响很大，也让智利成为名副其实的“诗人之国”。

现在，智利文学已发展成多种流派和多种形式、风格，作为一种文化载体，智利文学正在蓬勃发展、前进。

建筑

关于智利的建筑，各大城市都有西班牙殖民时期遗留下来的建筑物，这些富有欧洲古典风格的建筑与现代化色彩艳丽的住宅形成鲜明的对比。然而，智利建筑的最大特色还是在其“质量”上做到的“抗震奇迹”。

众所周知，智利处于地震多发地带，到2010年为止，有史以来最大的五次地震就有三次是发生在智利。因此，在1960年后，智利修改了与建筑相关的法案法规，并规定智利的建筑物要达到抗9级地震的标准。也就是说，在震级为9级以下的地震中，建筑物可以有所损坏，但必须保证不会完全倒塌，以确保居民的生命安全。时至今日，从一些数据上看，智利确实是“震不倒”的国家。

人口

智利居民多为印欧混血种人，其次为欧洲移民后裔，也有少数民族，如马普切人、阿夷马拉

人。智利全国人口数为1709万。其中首都圣地亚哥的人口为668.57万。在智利居住的外来移民数量为33.96万人，占总人口比例2%，主要来自秘鲁、阿根廷、哥伦比亚、玻利维亚、西班牙、美国和巴西。有171.47万智利5岁以上民众认为自己属于土著民族，其中普布切族占82%，占智利人口比例8.45%。

宗教

15岁以上人口中70%信仰天主教，15%信仰福音教。

艺术

音乐

智利土著音乐主要源于印第安阿劳科人。阿劳科人信仰自然神，他们常常吹奏音乐，以祈祷神灵赐福。西班牙人的到来，带来了欧洲管弦乐器，这些西洋乐器促进了土著乐器的革新，在众多乐器中影响最大的是吉他。此后，智利的音乐不仅有传统音乐的精髓，还融合了欧洲、非洲的音乐因素。其次，又因为版图狭长，各区域民族成份不同，因此智利又呈现出不同的民间音乐风格。

现在，北部地区仍保留着较多的印加文化遗迹。在节日、庆典及播种、畜牧等生产活动中，音乐仍然具有重要作用。而靠近中部的瓦尔帕莱索地区则是一种混合文化的音乐风格色彩区，不仅有印第安人原有的音乐，同时也盛行受西班牙文化影响、曲调较丰富的名为“科里多”的舞曲。再南一些的中部地区音乐则深受欧洲音乐影响，呈现出智利民间音乐风格的主要特色，有“库埃卡”和抒情歌曲“托纳达”、摇篮曲等。而中部偏南居住着印第安部族阿劳加人，他们的音乐简单纯朴，单声部的歌曲曲调平缓、忧伤。

舞蹈

智利的传统舞蹈有两种形式，一种是人们手拉着手轮盘式跳动，好似大地或太阳的自转，另一种则是一个人模仿某种动物的动作，或模仿猎人捕获动物的各种姿势。这种集体圆圈舞和独舞是智利最古老的舞蹈，一般在重大庆典或其他欢庆活动中表演，也有一些地方用这种舞蹈进行宗教活动。

不得不提的是，智利的国舞是圭卡舞。它源于秘鲁，形成于秘鲁独立革命时期。该舞兼容了西班牙和阿拉伯舞的动作。目前这一舞蹈在几乎整个美洲太平洋沿岸和阿根廷流行，其名称叫“智利舞”。在智利各地，圭卡舞虽因地区不同而着装各异，舞步编排亦不尽相同，但就其表情而言，中部诙谐，南部严肃。

除上述舞蹈外，智利民间也流行双人交谊舞、化妆舞，如塞基迪亚、方丹戈、小步舞、对舞等，这些舞蹈均源于欧洲。但有的舞蹈也来自安第斯山另一面的阿根廷等地，如对塔舞、库安多、谢利托、桑巴等。

节日

智利一年之中有很多的特色节日，由于受到很多外来文化的影响，在有些节日上也具有一些其他国家的风俗习惯。

元旦

时间：1月1日

元旦也被称为“新历年”，要先举行是世界上很多国家或地区的法定假日。在智利的许多地方都会举行壮观的烟花节来迎接这一天的到来。瓦尔帕莱索港的烟花节在智利最有名最传统，成千上万的人在城市的山丘上观看从12月31日半夜就开始的烟花盛会。

塔帕提节

时间：每年1月底2月初举行

在复活节岛或拉帕努伊岛上，塔帕提节是最有趣且有魅力的节日。被称为takona的人体绘画

是这个节日活动的主要特点，岛上的土著居民用自然颜料和原始符号在身上作画。在节日来临时，岛上还会举行各种竞技比赛，每个竞争联盟都要准备独特的服装、歌曲和舞蹈，还要以分享故事的形式口头传播他们的神话和传说。而在一些繁华的街道上会有身着民族服装的当地人进行游行和表演。

葡萄采摘节

时间：每年3月最后两个星期达到庆祝顶峰

葡萄采摘节是智利中部特有的节日，表达了智利人对葡萄的一种特殊情怀。为了庆祝这个节日，夏天即将到来时，人们就已经开始做一些准备工作了。库里科市的葡萄采摘节活动最为古老，节日活动的开始宗教仪式，然后就是花车。采摘葡萄节期间，也会举办一些竞赛活动，其中，要数踩葡萄比赛最重要，在踩葡萄比赛（十分钟内将葡萄踩成果汁的分组赛）的同时，能踩在平衡杆上的酒瓶之上称重的人就能成为女王。掌声和加油的呼喊声伴随着人们的运动，这些声音有时是风趣的，不过大部分都是欢乐的。

文化节

时间：每年4月

每年4月，全国文化委员都会组织一些节日活动和名为“智利+文化”的艺术活动。这是全国性开展的活动，目的是让人们接近文化，并为一些艺术家宣传自己的作品提供了空间。文化节期间，很多音乐家、诗人、画家、电影工作者、演员和舞蹈家都会向公众展示他们的作品。

圣佩德罗宗教游行节

时间：6月29日

圣佩德罗宗教游行节，根据天主教的信仰，是渔夫、潜水员、和海上工作者为他们的保护神圣佩德罗开展庆祝活动的节日。这一节日主要在拉尔温泉区举行。节日当天，会有一艘载着圣佩

德罗传教士雕像的小船作向导，带领数艘装点着鲜花、彩旗和龙头的船队，在水上游行庆祝。届时，来自全国各地的许多舞蹈演员翩翩起舞，共同庆祝。

蒂拉纳朝圣节

时间：每年的7月12日到17日之间

蒂拉纳朝圣节，是为了纪念16世纪抗击西班牙殖民者的印第安女英雄蒂拉纳而设定的节日。现在已经成为智利最著名的节日，来自各地的朝圣者和游客都会聚集于此来参加这个节日。舞蹈演员身着魔鬼般的服装，带着狰狞的面具，随着鼓和笛子的节奏摇摆。在节日期间会有弥撒。同时，还会有一些具有民族特色的手工艺品和食物在附近出售。

圣母升天节

时间：8月15日

圣母升天节，是天主教节日。又称圣母升天瞻礼、圣母安息节。在天主教的教义中，是耶稣的母亲玛丽亚结束在世的生命之后，灵体一齐被接进天堂。

国庆节、独立日

时间：9月18日

智利的国庆日，也是这个国家的独立日。这个节日的到来似乎令这个处于南半球的国家提前迎接了春天。在举行欢庆活动的大帐篷里，除了向人们提供独特的食物、馅饼、玉米酒和红葡萄酒之外，还有奎卡和Cumbia舞蹈表演。纪念1810年政府第一次会议。

陆军节

时间：9月19日

在18日国庆节的第二天，也就是19日，是智利的陆军日，主要城市所有穿制服的部门都要列队游行，以此来庆祝军队的光荣。每家房子上都挂着国旗，孩子们放风筝、玩陀螺和小球（大理石），比赛跳房子（跳出在一条线上的房子）和给棍子涂油。这一天，还会举行智利式的比赛活动，在半月形的场地举行传统的骑马赶牛运动，在没有马具的情况下奔跑并且抓住马鬃。

哥伦布日(发现美洲日)

时间：10月12日

哥伦布日（Columbus Day），又称哥伦比亚日，以纪念意大利航海家克里斯托弗·哥伦布于1492年的这一天首次登上美洲大陆。然而，很多人认为，哥伦布的地理“发现”对于美洲大陆上的土著居民来讲是开启了一段长期苦难与受压迫的历史，所以每年的这一天，可能会有一些人在首都圣地亚哥游行抗议庆祝这一节日。

诸圣日

时间：11月1日

诸圣日（All Hallows），是以圣者的名义庆祝的节日。诸圣也是一个基督教称呼，用于所有忠诚的圣者和殉道者。

圣母无染原罪瞻礼

时间：12月8日

圣母无染原罪瞻礼（Dia de la Inmaculada Concepcion）是天主教节日之一，它是庆祝圣母

玛利亚获得无原罪恩赐的一个赡礼。

圣诞节

时间：12月25日

圣诞节的庆祝一般在25日的前一天开始也就是每年的12月24日，这一天智利人以家庭晚餐来纪念耶稣的诞辰，除此之外还有圣诞节面包（加上蜜饯的饼干）和一种混合了烧酒、牛奶、糖、咖啡和桂皮的猴尾酒。

民俗

智利在风俗、礼仪上，在很多方面都受到了西班牙文化的影响，并带有很多本地土著居民的传统元素。智利人注重礼仪，并且有很多传统习俗，因此，在到智利旅游之前，就应该熟悉一些智利的生活习俗和宗教禁忌，以免在旅游的过程中造成不必要的影响。

礼节礼仪

智利的礼仪深受欧洲影响，十分重视见面时的问候礼节。当他们与外来客人第一次见面时，一般都要握手致意；若是遇到熟悉的朋友，还要热情拥抱和亲吻；而一些上年纪的人见面，依旧还保持着行举手礼或脱帽礼的习惯。智利人很注重打招呼，简单的一句“Hello”对于某些人来说是不够的，智利人不管在何处相见都会友好地调侃几句。智利人一般对未婚男女称呼少爷和小姐，已婚的或是年纪稍大的则称为先生、夫人或太太。在正式场合要在称呼前加行政职务或学术头衔。如果应邀参加宴会或舞会，会带上一点礼物以示感谢。在这里，人们崇尚女士优先，尊老爱幼。

习俗与禁忌

同许多美洲国家一样，智利人一般不邀请他人到家中作客，除非是挚交好友，若被智利朋友邀请到家中作客，你应该将其视为一种很高的荣幸，千万不可以出自客气或其他理由而谢绝，这样会被主人误认为是瞧不起人而生气。应邀到智利朋友家中作客，应按时赴约，迟到或早到都是不礼貌的行为，最好携带点小礼物以表示感谢。到达主人家，应该先向女主人表示问候，并主动送一束鲜花或包装精美的糖果给女主人，再问候男主人和其他家庭成员。要注意的是，在非正式场合，稍微保守的服饰。此外，还需要比较适合，一般情况下女士不能在度假村以外的地方穿短裤。

2 智利自然：惊艳看智利

地理

自然地理

智利位于南美洲南部，安第斯山脉和南太平洋之间，是全球最狭长的国家。其领土80%都是山区，海岸线也十分崎岖。智利地处环太平洋地震带，境内多火山，地震频发，北部多山，有很多山峰都达到了海拔6000米以上，常年积雪，紧邻安第斯山脉的阿塔卡马沙漠，一直向西沿至太平洋沿岸；中部地区则土地肥沃，人口众多。智利海岸线多岛屿。最南方的火地岛，智利和阿根廷各占一半，火地岛前的一个岛上的合恩角是智利和南美洲的最南点。此外，太平洋上西波利尼西亚的复活节岛也是智利的领土。

区域地理

智利全国分为15个大区，下设51个省和346个市。各大区分别是：阿里卡和帕利塔戈塔、塔拉帕卡、安托法加斯塔、阿塔卡马、科金博、瓦尔帕莱索、解放者奥希金斯将军、马乌莱、比奥比奥、阿劳卡尼亚、洛斯·理约斯、洛斯·拉戈斯、伊瓦涅斯将军的艾森、麦哲伦、圣地亚哥首都大区。

气候

智利国土纬度跨越很大，并且各地区地理条件不一，使得智利的气候复杂多样。按照柯本气候分类法，在智利国境内至少包括了七种主要的气候亚类型，包括有北部的沙漠到东部和东南部的高山苔原气候和冰川气候、智利中部的地中海气候、智利南部的海洋性气候以及复活节岛上的湿润亚热带性气候。全国大多数地区四季分明，南半球的夏季一般是在12月到2月，秋季是在3月到5月，冬季是在6月到8月，春季是在9月到11月。

环境

智利南北纬度跨越大，北部多山少雨，南部则多岛屿多雨，环境差异极大。北部和南部人口相对较少，保留了大量未开发的土地，贴近原始、自然；而中部人口稠密，有较丰富的人文文化；而绵延约一万公里的海岸线，更是复杂多变，每一处都是不同的景色。在智利，有沙漠、有沙滩、有高山、有雪山峰、有草原、海峡，还有很多具有丰富文化色彩的岛屿，从北到南，从大海到山川，你甚至可以背包徒步或骑车旅行，探索智利丰富多样的奇特景观，不禁让人连连赞叹。智利每一个地方的饮食文化都各有特色，有鲜美的海产品和世界上首屈一指的葡萄美酒。而独一无二的复活节岛，在南太平洋中“与世隔绝”，以数百尊神秘的巨型石像闻名于世，像是上天赐予南美洲大陆的一个神秘国度，等待你开启一段奇妙旅程。

时区

智利本土使用UTC-4时间，夏季则使用夏时制UTC-3时间；复活节岛使用UTC-6时间，夏季则使用夏时制UTC-5时间。与北京时差12小时，夏时制则时差为13小时。夏时制起止时间经常调整。

3 旅游亮点：智利TOP榜

智利不可不看的10大景点

Top1：复活节岛

复活节岛因被发现的日期恰好是复活节而得名。它与智利大陆隔海相望，是南太平洋中最与世隔绝的岛屿。这座岛屿以数百尊面向大海的巨大石像闻名于世，被认为是谜一般的岛屿，还有人称其为“智利之魂”。岛上有很多著名的景点，如拉帕努伊国家公园、拉诺廓火山和火山湖、阿纳凯海滩、拉诺·拉拉库采石场、塞巴斯蒂安博物馆等。如今，岛上的居民还保留有一些古老的生活习俗，加之神秘色彩浓厚的各种传说，复活节岛一定是来智利最不可错过的地方。

1

2

Top2：圣卢西亚山

圣卢西亚山是智利著名的风景区，被誉为智利最有情调的空中花园。山上树木繁密，有一片美丽的绿地，在蓝天白云的衬托下无比美丽，更有精巧别致的建筑点缀其中，简直就是一座优美宜人的花园。来这里游览一番一定会让人心旷神怡，豁然开朗。

2

Top3：圣地亚哥大教堂

圣地亚哥大教堂位于智利首都圣地亚哥市武器广场西侧，是智利最著名的宗教文化圣地之一。大教堂的建筑风格略有巴洛克的特点，融合了新古典主义的设计，整座教堂庄严、大气，是了解智利文化不可不去的一个景点。

Top4：圣地亚哥武器广场

智利首都圣地亚哥的武器广场，是智利最繁华的广场之一。它的附近有很多经典建筑，如智利规模最大的教堂、国家邮政局、历史博物馆和圣地亚哥市政厅等。有时广场上还会有民间艺人在这里表演歌舞、音乐或脱口秀。

Top5：普卡拉遗址

普卡拉遗址大概是印加时期留下的遗址，又被称为是马丘比丘的缩小版。登上遗址的山顶，你可以看到远处美丽的景色，在旁边的一座山上还有一个瞭望台，从这里眺望观景更直观、更全面。

Top6：国家历史博物馆

国家历史博物馆位于首都圣地亚哥武器广场北侧，是一座黄色的新古典主义风格建筑。博物馆里收藏了前哥伦布时期至20世纪的7万多件文物，比如服饰、家具、作战兵器、历史文献、古代乐器等。

3

4

5

6

Top7：安赫尔墨

安赫尔墨是蒙特港最值得游览的观赏地之一，拥有最美的渔港风景，微微吹拂的海风，静静停靠在岸边的小船，还有岸上一排排的房屋，这一切形成了一幅美丽的景观。

Top8：考古学博物馆

考古学博物馆中收藏了许多从圣佩德罗周边挖掘出来的历史物件，博物馆里收藏的几具保存完好的阿塔卡马人木乃伊，是博物馆中的重要文物，吸引了很多游客前来瞻仰。现在，这里成为了智利历史和考古学研究中心。

Top9：马米尼亚温泉

马米尼亚温泉位于伊基克的东部，是一个能够让人得到充分放松的好去处。这里的温泉水水量充沛并且温度很高，听说还有治疗一些疾病的功效。而最有特点的莫过于附近城中的泥浴场，一个个涂成泥塑一样的人躺在阳光下，成为了一道别有趣味的靓丽风景。

Top10：塔蒂奥间歇泉群

塔蒂奥间歇泉群是世界上海拔最高的间歇泉，也是圣佩德罗最具吸引力的景观之一。在茫茫的沙漠上，数不清的间歇泉吐着白烟，就像是从沙漠地下燃起的烟火，景象非常的壮观。

智利最值得一游的4大名城

Top1：圣地亚哥

圣地亚哥作为智利的首都，汇集了整个智利将近三分之一的人口。经过多次大地震和洪水等自然灾害的洗礼后，现在的圣地亚哥已经是一座繁华的现代化城市。市容绮丽多姿，百变的铜像在城市里随处可见，仿若置身于一个铜的世界。这座依偎在雄伟高大的安第斯山脚下的城市，一定会让你对智利的人文文化有一个深刻的了解。

Top2：瓦尔帕莱索

瓦尔帕莱索位于瓦尔帕莱索湾南岸，是南美洲太平洋东岸重要海港，也是智利阿空加瓜区和瓦尔帕莱索省首府，横贯安第斯山国际铁路的西部终端站。瓦尔帕莱索气候宜人，风景秀丽，是智利著名的旅游胜地市内有多所大学和博物馆；居民也多为欧洲移民尤其是英德法意移民的后裔居多，这些移民使这座城市的文化气息融合了很多欧洲的特点，但又不失地方特色。

3

Top3：圣佩德罗·得阿塔卡马

圣佩德罗·得阿塔卡马位于智利北部，坐落在雄伟的利坎卡武尔火山脚下，是一个拥有特殊魅力的如画般的城镇，被誉为“沙漠里的女王”。塔蒂奥间歇泉群、月之谷、考古学博物馆等都是值得一去的著名景点。

Top4：伊基克

伊基克是塔拉帕卡(Tarapaca）大区的首府，同样也是智利重要的港口城市。它位于智利北部，西临太平洋，东靠阿卡塔马沙漠，是名副其实的“一半火焰一半海水”的城市。伊基克也是一座聚集了很多华人的城市，今天的伊基克当地人口中有四分之一的人拥有华人血统，饮食文化也深受中国影响。

4

●托雷斯德尔潘恩国家公园

●复活节岛

智利旅行行前准备

如何作好行前准备

去哪搜集最有用的资料

登录相关网站

在前往智利之前，我们必须对智利进行多方面的了解，如怎样买前往这个国家的机票，怎样办护照、签证等都是我们需要注意的问题。除了这些之外，我们关心的还有这个国家有哪些著名的景点，前往智利的航班有哪些，以及在这个国家如何住宿等。买一本书细细的研究是一个很实在的方法，但是一般会耗时太多，最快捷的方式还是先登入相关网站了解一些相关的信息，下面我们就为准备出游的您提供些可能对您有帮助的网站。

智利旅游局：www.chiletravel.cn

中国驻智利大使领：www.cl.china-embassy.org

智利航空官方网站：www.lan.com

智利酒店预订：www.hrs.cn；www.agoda.com

中国外交部网站：www.fmprc.gov.cn

了解使领馆的相关信息

在去智利旅行前，了解智利驻华使馆的相关信息相当重要，在智利驻华使馆，你可以找到最实用的信息，如办理智利旅游签证、护照等相关事项，以及智利旅游景点和住宿等相关信息。

智利驻华使领馆

使馆名称	地址	电话/传真	领区
智利共和国驻华大使馆	北京市朝阳区三里屯东四街1号	电话：010-65321591/65321522 传真：010- 65323170	
智利共和国驻广州总领事馆	广州市珠江新城华夏路10号富力中心905室	电话：020－38928270 传真：020－38928275	广东、广西、福建、海南
智利共和国驻上海总领事馆	上海市延安西路2299号世贸商城办公楼2501室	电话：021-62360770 传真：021-62361318	上海、浙江、江苏、安徽
智利共和国驻香港总领事馆	香港特别行政区干诺道中168-200号信德中心西座1712室	电话：0852-28271826/28271748 传真：0852-28272060	香港

出入境须知

国际段航班免费托运行李只限两件，重量不得超过23公斤。手提行李一件不得超过7公斤，切勿将贵重物品、证件、现金等放入托运行李内。入境的时候，应详细填写在飞机上发放的入境登记卡，并连同护照准备好，以方便智利海关检查。飞机停靠后要进行入境检查，通过简单的询问后会在你携带的护照上加盖入境章，提取行礼后，还需要进行入境检查。根据智利海关有关规定，不能携带入境的物品包括水果、肉制品、昆虫、动植物等。SAG在检查入境旅客行李时，如发现已申报但不准入境的物品，将没收该物品并向旅客做简要解释后放行；如发现未申报且不准入境物品，将视物品价值及对智利动植物生态安全的威胁程度，对旅客处以200至2000美元不等的罚款，并视情追究法律责任。

如果要出境，建议在乘坐国际航班时提前3小时到达机场。出境的时候，需要向所乘坐的航空公司的服务台出示入境卡以及护照，还需缴纳32美元的离境税，入境时所携带的个人物品在出境的时候也必须带回。

智利有关常识

电压

智利所使用的电压是220伏。

时差

阿根廷跟中国是有时差的，一般认为阿根廷的时间比中国北京早12个小时。

小费问题

在智利有付小费的习惯，在很多场合都要付一定的小费。例如在机场或是饭店时，有服务生帮你搬运行李，出于礼貌，你应该向他们付1智利比索的小费；如果你使用了有管理员的卫生间，你也应该向他支付一定的小费；在餐馆进餐时，一般都要给10%的小费，当然，收取了物业费就不用支付小费了。的士司机则不需另给小费，小型家庭经营式餐厅也很少会要求给小费，但由于智利服务员的工资很低，可以适当的给予小费。

各场所营业时间

智利政府机关的工作时间是每天8:45～17:30，周六日休息；窗口服务营业时间为每天的9:00～14:00，银行工作时间是周一至周五9:00～14:00；餐厅的营业时间为13:00～15:00；商店的营业时间为10:00～14:00，16:00～20:00。

拟定计划有窍门

选择什么季节去智利

每年的10月至次年4月是去智利旅游的最佳季节，这时南半球正处于春夏到初秋时期，气候宜人，景色秀丽，比较适合旅游。而智利10月至次年3月，由于靠海，气温不会太高，但紫外线非常强烈，复活节岛尤甚，外出时一定要备好防晒用品。并外需要注意的是，智利的日温差比较大，注意调整好一天的着装，早晚可能会需要一件外套。当然，如果想滑雪，则当选冬季，那个时候来智利可以看到白雪皑皑的冰山，一定会令你大呼过瘾。

选择旅游的方式

到智利旅游，有3种方式可供你选择，它们分别是自助游、半自助游和跟团游。

如果你的旅游时间充分，并且有足够的旅费、懂得一些英语和西班牙语，自助游自然是一个不错的选择。你可以随性地选择自己想要去的城市，去自己喜欢的景点，吃自己喜欢的美食，相信这于每一个喜欢自由的游客来说对都是一个最理想的旅游方式。

不过，半自助游也不失为一个不错的方式，它分为2种，一种是往返的机票和住宿酒店由旅行社为你预订，游玩方面则自行选择；另一种是往返飞机票和住宿旅店由自己预订，到了目的地后跟着当地的旅行团一起游玩。对于时间紧迫、没有特定计划的游客而言，选择这样的旅游方式是非常方便且安全的。

跟团游是旅游中最为火热也最为方便快捷的一种方式。如今，全国各地都有众多的旅游公司，很多都提供了非常全面的服务。想要选择跟团游的游客可以在网站上先了解各个公司的旅游项目，然后根据自己的需要选择旅游公司。

旅游预算

智利属于中等发展水平国家，这里的消费虽然在南美属于比较中等的水平，但在去智利旅行的时候，还是要做好充足的经济预算。

中档酒店房间：10000智利比索

一瓶红酒：1240智利比索

每分钟市内电话：100智利比索

一顿午餐：1735智利比索

100千米公共汽车车费：1487智利比索

计划旅游的天数

出国游玩，不管去哪里，最少也要7天时间。但如果能有10天甚至15天的时间，自然能在智利玩得更畅快些。

如果你有7天的时间在智利，可以选择智利的一个到两个地方游玩一番，你可以在首都圣地亚哥感受一下繁华都市景象，还可去复活节岛，感受一下智利古老而又神秘的原始文化；如果你有10天的旅游时间话，除了首都圣地亚哥和复活节岛，还可以去智利其他有特色的地方游览，海滨城市瓦尔帕莱索、重要的港口城市伊基克历史悠久的古城圣佩德罗得阿塔卡马……这样充裕的时间，游客可以根据自己的喜好来安排行程；如果有幸你有十几天的旅行时间的话，那自然可以来次智利深度游了，在一个城市住上一两天，看看风景、逛逛集市，要么享受一次惊心动魄的滑雪之旅或是沙漠探险，这些都会是你旅行记事本上最难忘的一页。

准备好必要的证件

出国先办护照

护照是一个国家的公民出入本国国境和到国外旅行或居留时，由本国发给的一种证明该公民国籍和身份的合法证件。护照相当于在国外的身份证，证明你是中国公民，如果在国外遇到意外情况，中国驻外使馆会出面保护你，并为你解决困难。

如果你需要出国，那么就必须要办理护照。如果你已经持有护照，但有效期不满6个月，也需要更换护照。因办理证

件需要些时间，最好在出国前2个月就开始着手办理。

根据最新的规定，全国现在共有43个城市的外地人可以携带本人有效身份证或户口簿在当地办理护照，其他城市的人则需要携带有效身份证或户口簿在本人户口所在地办理。可以就近办理护照的城市有：北京、天津、石家庄、太原、呼和浩特、沈阳、大连、长春、哈尔滨、上海、南京、杭州、宁波、合肥、福州、厦门、南昌、济南、青岛、郑州、武汉、长沙、广州、深圳、南宁、海口、重庆、成都、贵阳、昆明、西安、无锡、常州、苏州、温州、嘉兴、舟山、泉州、株洲、湘潭、珠海、东莞、佛山。

办理护照流程

1.携带本人身份证或户口簿到户口所在地（可就近办理护照的43个城市除外）的县级和县级以上的派出所、公安分县局出入境管理部门领取《中国公民因私出国（境）申请审批表》，也可以到网上下载《中国公民因私出国（境）申请审批表》。

下载网址：www.bjgaj.gov.cn

2.填写申请表。

3.提交申请表。携带本人身份证或者户口簿相应证件；填写完整的申请表原件；符合要求的彩色照片2张（需在出入境管理处或者是他们指定的照相馆照相）。

4.领取护照。公安局出入境管理处受理申请后，审批、制作和签发护照的时间是10～15个工作日。领取护照时，须携带本人身份证或者户口簿、领取护照《回执》和200元工本费。凡在《回执》上标明取证日期3个月内没有领取证件的，公安局出入境管理处将予以销毁。

办理智利旅游签证

办理好护照后，就应该准备办理签证了。中国公民前往智利一般需办旅游签证，智利的旅游签证办理周期比较长，一般需要45天左右。

申请资料：有效期不得少于6个月的护照、3张2寸彩色照片、填好的签证申请表格3份、往返机票、经济状况证明、邀请信等材料；办理程序：本人去使领馆递交护照、3张2寸彩色照片和申请表；签证费用：432元。

可以这样兑换货币

兑币分析

智利的货币为智利比索，智利比索流通中的硬币分为6种面值，其中包括1、5、10、50、100和500智利比索；纸币面值分别为1000、2000、5000、10000和20000智利比索。智利现在对美元实行自由兑换体系，在机场或是在市区的银行都能进行美元兑换。

游客可在圣地亚哥的国际机场兑换外币，但是汇率要比市区低。此外也可在Casa de Cambio（兑换亭）兑换外币和旅游支票，但需要一点手续费。在智利各大主要城市的市中心都可找到类似的兑换处，但在小城或村镇却很少看见。兑换处一般在周一至周五的9:00～18:00对外开放，周六9:00～13:00，如智利其他的营业机构一样，13:00～15:00是午饭时间。此外，你也可以在银行或部分酒店兑换外币，但他们的汇率通常都非常低。

小贴士

在兑换货币时，不需要一次性兑换太多的比索，这里有些地方也可以用美元付款。

信用卡

在智利使用信用卡很普遍，这里一般市中心的餐馆、咖啡馆或购物中心都能接受VISA信用卡，但是如果VISA走美金通道，会收取千分之一点五的手续费。此外也有一些地方不接受信用卡，所以游客在旅行之前，准备好充足的现金也很最重要。

中国银联卡

虽然银联卡一般都是不收手续费，但在智利只有极少地方可以用银联卡。

准备行李的诀窍

去智利旅游，带的行李要尽可能轻便，一身轻装是旅游轻松自在的首要条件。另外，一些能在智利当地买到的生活用品不妨到了那里再买，这样不仅自己轻松，也省去了托运行李的麻烦。

智利的季节跟我国正好相反，加上这个国家的纬度跨越比较大，有些地方气候温和，有些地方会比较冷，所以一些必要的衣物是必不可少的。

行李准备的妥当与否在很大程度上决定了旅行的好次，所以建议游客在旅行前几天先列个旅行物品清单，然后开始着手准备行李。

旅行物品清单

	名称	备注
必需物品	护照+签证	检查驾照有效期是否有6个月，记得复印备份
	现金、信用卡、中国银联卡	现金带少量美元即可
	飞机票	确认出发日期
	证件照	万一遗失证件，这个就派上大用场了
	背包	肩带手提包、带轮帆布包
	衣物	T恤、短裤、长衣长裤一套、外套、沙滩衣裤带一套，内衣内裤、凉鞋、运动鞋各一双，易干、保暖的衣物多套，要根据个人情况而定
	照相机、DV	旅行拍照留恋都靠它
	药品	消暑类中成药、肠胃药、感冒药、消炎药
	充电转换器、手机、相机、记忆卡	很难买到，多带为好
	雨具	雨伞或雨衣
选择性携带物品	指南针	在国家公园、保护区游玩时，带个指南针更为安全
	词典	在紧急时备用
	国际驾驶证	打算租车旅行时使用

智利旅行的必备功课

在智利如何通信

如何打电话

从中国往智利拨打电话：

00+国家区号+城市区号+号码，如拨打智利圣地亚哥电话12134567，则应拨打：0056+2+1234567

在智利拨打电话：

在一个区域内，从智利固定电话拨打到智利手机，需要加前缀09，例如给电话12345678的号码打电话，需拨号 09+12345678。而从智利手机拨打到智利手机不需要加前缀09，直接拨打号码即可。

在智利拨打国内长途电话需加0，例如从智利A地拨号到智利另外一个不同区号的B地，拨号顺序为“0+B地区号+B地本地号码”从智利拨打中国国内电话的拨号顺序为“00+城市区号+号码”。实际拨号时不要“+”符号，连续拨完全部数字即可。

如何上网

在智利，尤其是首都圣地亚哥，wifi非常发达，如你的手机支持wifi功能，建议尽量使用wifi。一般五星酒店，咖啡厅、星巴克等地都有免费或收费的wifi。也可以在智利买一个当地的手机卡，可以签署无限上网包月合约，价钱从十几美元到几十美元不等，签约后随时随地上网。

智利用餐那些事

智利从北至南，地区性气候差异很大，以及陆地和海产品的种类不同，使得智利各地的饮食方文化也各不相同。加上当地土著文化和西班牙文化的融合，又同时受到阿拉伯、欧洲饮食文化的影响，使得智利人的饮食更加丰富和多样化。所以在智利不同的地区点同一道菜，味道和口感也会因为采用不同配料和烹饪技巧而呈现出不同的特点。智利人喜爱面食，面粉做的馅饼至今仍然是国家重大节日和传统庆祝活动的必备食品。海鲜和葡萄酒是智利人的最爱，而牛肉、羊肉等做出的菜肴也同样很受欢迎。

智利特色美食

塞维切

塞维切是Cebiche的音译，是冷拌菜的意思，所以这道菜又可以翻译成冷拌辣黑鱼片。它起源于阿拉伯的Sibech，意思是带酸味的食物。主料是用柠檬汁煮过的生鱼，又添加了盐、蒜、洋葱和辣椒。这道菜在智利北部乃至全国都有名，主要在海边城市与智利北部城市伊基克和亚里加最受欢迎。

Empanada

Empanada是智利人很喜欢的一种小吃，直译过来就是肉馅馅饼，虽然形似中国的“韭菜合子”，但用料和做法却大相径庭，味道和口感也全然不同，在智利经常见到的馅饼是用奶酪、海鲜作成，还有用肉末、葱头、葡萄干、油橄榄、鸡蛋等作。

乌米塔

乌米塔(humitas)是地地道道的智利菜，是在智利不可错过的美食。一般先将鲜嫩玉米制成玉米面，把玉米面做成面团，加入切碎的洋葱末、辣椒、西红柿、糖、猪油等和在一起，然后用玉米叶子包裹做好的玉米团做成蝴蝶的形状，放到煮沸的盐水中煮一段时间，然后捞出来放冷之后，再在火烤熟食用。

麦粒桃子汤

麦粒桃子汤（Mote con Huesillos）是智利的一种解暑饮料，用麦粒和桃子干一起炖煮熬成的汤汁。这种饮料凉喝比较好，是夏季很受欢迎的甜点。天气热的时候，在大街上很容易就可以买得到。Mote源于盖丘亚语和艾玛拉语，指煮好的小麦，而huesillo是干桃子的意思。

Charquicon

Charquicon是智利南部的一种地道美食，是一道炖菜。里面有肉、洋葱、土豆、葫芦瓜、蒜及一些调料，并加辣椒增色。一般都是先把主要食材切好，煎炸，然后煮。有些地方会用紫菜代替肉。

古兰多

古兰多(Curanto) 是南边的奇洛埃地区一道很美味的菜。名字源于马普切语里的kurantu一词，意思是太阳石。这道菜的配料有海鲜、禽肉、猪肉、鱼、豆子、玉米粒和用土豆做的面包，所有的材料都分别装在用大叶子盖好的容器里以防止味道流失。烹饪时要把它放在地上挖好的洞里。

卡苏拉

卡苏拉（Cazuela），实际上就是智利的炖菜。众所周知，智利人喜欢吃炖菜，然而每一个地方的饮食习惯都会对这道菜做出不同的诠释，南部、北部、中部的做法各不相同。但不管做法怎么变，也都是用热水煮很烫的汤，浓度差不多，汤里加上大块的肉和菜，且不能让添加的菜混在一起。

别具风味的智利水果

葡萄

葡萄是智利盛产的水果，在智利人的心中有着不可抹灭的情怀。每年3月的“葡萄节”，在智利的葡萄产地，会连续很多天举行盛大的庆祝活动。而智利的葡萄甘甜可口、气香味美，得益于智利的自然因素，阳光充足、日温差较大，都是有利于糖分堆积的重要条件。要说葡萄在智利的地位，简直就和中国吐鲁番葡萄的地位有得一拼。不同的是，智利的葡萄除了作为水果吃，并没有晒成葡萄干，更多的是用作酿酒。可以说智利人对葡萄酒的喜爱几乎达到了极致。

西梅

西梅是智利出口水果之一，每年我国都会从智利大量进口。西梅芳香甜美、口感润滑，有着丰富的维生素A及纤维素，又兼含铁和钾等矿物质，却不含脂肪和胆固醇。

樱桃

智利的樱桃成熟期大概在每年的11月份，同样也是我国反季大量进口的水果之一。智利的樱桃更加的甘甜可口、清新怡人，肉厚核小，也是智利人喜欢的水果之一。

猕猴桃

智利的猕猴桃产地为地中海气候，丰富的降水量主要集中在冬季，而猕猴桃生长的夏季为旱季，加上充足的阳光和肥沃的土地，都非常有利于猕猴桃的生长。

柠檬

柠檬又称柠果、洋柠檬、益母果等，其味道带酸，因而很少有人直接食用，这种水果可以作为上等的调味料，用来调制饮料菜肴，还可以将其用于化妆品和药品中。

苹果

苹果是智利很常见的水果，它属于落叶乔木，叶子椭圆形，花白色带有红晕。果实圆形，味甜或略酸，成熟的苹果为红色，它的品种繁多，具有丰富营养成分，也具有食疗、辅助治疗功能。

怎样找到合适的住处

在智利可以找到各种档次的酒店，也有别致的小型旅馆。游客可以根据自己的经济条件或是个人喜好选择适合自己的住宿地。如果游客想住中高档类的住宿地，最好提前打电话预约。智利的中档及以上的酒店价格一般都在10000智利比索以上，经济一些的住宿地一般为5000～10000智利比索。

小贴士

需要注意的是，智利的酒店虽然有自来水，但是一般不宜饮用，建议游客饮用酒店提供的水或是自己购买矿泉水。此外，智利的宾馆不提供一次性拖鞋、牙膏和牙刷，游客在入住需要提前做好准备。

酒店

智利的高档奢华酒店不多，中等以及经济型的酒店比较集中，三星级以上的酒店客房一般都会设有独立卫生间和私人淋浴；经济型酒店条件虽然没有中档以上酒店那么好，但客房内的基本设施都很齐全，简简单单的风格，也能带给人们很不错的享受。

旅馆

智利的旅馆也有不少，很多都是在环境安静的地区，给人营造了一种安静的氛围。这种住宿地的价格大多跟中档酒店差不多，也还有一些更便宜的廉价旅馆。旅馆是很多游客特别喜欢的，既经济、又安逸，是一种群众型的住宿。

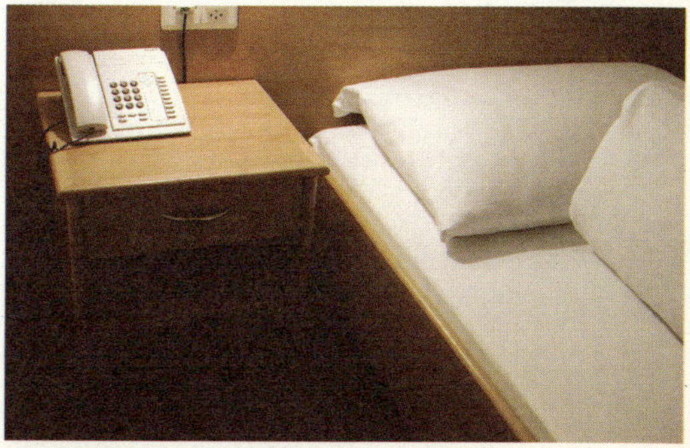

用什么交通工具

从中国怎样前往智利

飞机

智利全国有大小机场325个其中有6个国际机场，它们与阿根廷、玻利维亚、巴西、加拿大、法国、秘鲁、西班牙、美国、乌拉圭和委内瑞拉等国通航。目前，智利往返于北美、欧洲、澳洲等地的航班，大多在智利的圣地亚哥国际机场起降。中国虽然也有飞往智利的航班，但需要在巴黎或者阿姆斯特丹等城市中转才可到达。从中国到智利的机票可在一些网站上进行预订。

订票网站

Elong：www.elong.com

携程：www.ctrip.com

廉价航空预订：www.tianxun.cn

智利国内交通

智利境内交通非常发达，飞机、巴士都能方便快捷地到达大部分城市。而各个城市内，也有多种交通工具供游客选择，如公交、出租车、长途巴士等。

航空

智利的航班比较多，除了有往返于其他国家的航班外，还有很多的国内航线。Lan Chile航空公司是智利最大的一家航空公司，也是唯一一家拥有飞往复活节岛的短航班。运营该公司智利国内航线有15个，具体的航班可登陆该公司的网站www.lan.com进行查询。

汽车

智利的首都圣地亚哥及一些大型的城市都有很多汽车站，每个汽车站都设有各个汽车公司的售票处，售票处有标明行车方向、票价、发车时间，游客可以根据自己的需要选择票种。智利有些地方交通不太便利，去种地方乘坐长途汽车就是最好的方式。

淘宝达人不可错过的信息

智利不仅有着迷人的风景，还有各式各样精致的商品。这里有很多样式精美的商店，还有很多大型的购物中心，他们为顾客提供了不同类型的商品，从当地特色的小礼品到大型的现代商品比比皆是。

在这里，你还可以买到很多的特产，铜制工艺品和葡萄酒，都是很好的选择。

智利特产

铜制工艺品

智利是世界上的产铜大国，更是世界上出口铜最多的国家。因而铜制工艺品是智利最具特色的产品。商店橱窗里琳琅满目的铜制手工艺品，新颖别致，手工精细，令人爱不释手。智利几乎

每一个城市都有铜制工艺品，真是有“满地尽是黄铜品”的气势，这样的环境，怎能不让你对铜制的工艺品动心呢，似乎只有买一件才算是真正来过智利。智利特产的铜制壁饰、摆饰品、割纸刀、厨房用的水壶、锅等都是很不错的纪念品，虽然有点小贵，但大可以买上一两件，留作自己家里摆用或送与亲朋好友。

智利葡萄酒

智利独特的气候，造就了智利别有风味的葡萄，再加上欧洲古老的酿酒方法，使得智利的葡萄酒味道独特。智利葡萄酒给人一种新旧交叠的感觉，既有欧洲传统，又不失南美风味。智利的一些进入国际市场顶尖品牌葡萄酒在持续保持高度品质的同时还拥有其公道的价格，现在智利的葡萄酒已经跃居世界第三，在英国和日本非常受欢迎。

智利主要购物地区

智利首都圣地亚哥的中央车站是购买智利工艺品的好去处。Los Dominicos工艺村的羊驼毛织品很有档次；Artisans' ferias市场的手巾也很有名。Santiago附近也有一些小型商场，在大型购物中心Parque Arauco和Alto Las Condes里有时还会有有很多欧美品牌的促销，购物中心的超市里还能购买到比较便宜的玫瑰精油和玫瑰霜。

娱乐达人新发现

智利的娱乐活动很多，除了长途跋涉、攀岩、跳伞、骑马等这些人人熟知的全民娱乐外，智利也还有很多的民间娱乐活动，比如围牛、漂流和划皮艇等。智利的人们比较钟爱运动，因此，在这里有很多的运动场所以及滑雪地等。在夜间，城市的美景都安静下来的时候，咖啡厅、酒吧等场所就成了人们娱乐的天堂，各种不同的酒吧、咖啡厅纷纷亮起了灯光，为这原本寂静的夜灌输了无限的活力。

滑雪场推荐

名称	地址	门票
El Colorado & Farellones	Calle la Sierra 7898, Renca, Santiago, Region Metropolitana	3007智利比索（含缆车票）
La Parva	Lo Barnechea, Region Metropolitana	3007智利比索（含缆车票）

酒吧推荐

名称	地址	电话	网址
Bar 89	Rodriguez Velasco, Region Metropolitana	02-4811231	www.bar89.cl
Bar Armenia	Av Irarrazaval 3166, B, Nunoa, Santiago, Region Metropolitana	02-2690424	
Bar Nacional 2	Hu é rfanos, Region Metropolitana	02-6965986	www.barnacional3.cl
Crazy Bar	Calle Pio Nono 229, Providencia, Santiago, Region Metropolitana	02-7325758	

智利旅行应急攻略

丢东西了怎么办

智利是一个比较安全的国家，目前的政局也比较稳定，极少受到恐怖袭击。但是扒手、小偷及抢劫时有发生，并大多发生在大城市。扒手们经常在公车或地铁上对游客下手，此外夜间及繁忙时段也需要多加小心，不外露钱财及贵重物品是降低被盗几率最好的预防措施。

护照遗失怎么办

如果护照丢失，首先要做的是立即报警，智利的报警电话是133。警察会将你丢失的证件号码一一记录，然后给你一个报案号码小卡片，以表示你的护照遗失。你可凭警方出具的护照报失单及登报启事影印件向中国驻智利共和国大使馆或总领事馆申请补发护照或旅行证。如果是补发护照，需要提交我国驻该国大使领馆签发的《中华人民共和国旅行证》，提交户口簿、身份证原件和相应复印件，之后在办理证件所在的公安局出入境管理处与遗失地我国驻外使领馆核实后补发。

行李丢失怎么办

在饭店、汽车或火车上，行李被偷或丢失，饭店或铁路会给你开具丢失证明，但是不会给赔偿，所以一定要看好自己的行李。

如果在飞机上丢失行李，在你办理了正规托运手续的前提下，机场会让你先填写一份行李遗失表，然后会帮你先找寻丢失行李。登记完遗失表后最好保留一份副本，如果你的行李没有被找到，航空公司会按照合同给予你相应赔偿。

信用卡丢失怎么办

出国前，最好先确认发卡银行的挂失止付电话。如果在智利丢失了信用卡，便可立刻拨打国内发卡银行电话挂失止付。假如你带有足够的现金和旅行支票，也可以回国后再申请补发。此外，你也可以将地址告诉发卡银行，让他们把补发的信用卡寄过来，但一般需要一周到10天的时间。

发生这些事怎么办

遇到小偷怎么办

如果遇到了偷盗或者被抢这样的犯罪案件，首先一定要马上向当地警察报案，如果是在街上发生这样的事，千万不要自己亲自去抓小偷，这是对自己的保护。而如果是在住处遗失物品，就要通知酒店人员，如果不能妥善解决，就要找警察前来处理。如果是丢失了贵重物品，还要申请被盗证明书，以便以后向保险公司申请索赔。

生病了怎么办

出发前，应该准备一些常见的药品，如感冒药、肠胃药等。若只是感冒等小问题，首先要多喝水，然后按照说明吃点药，再好好睡上一觉，补充体力。若是食物中毒，要立即前往附近医院看病。若只是轻微的肠胃不舒服，应根据药品和自己的实际情况来吃药。若有些慢性病，就要在国内带足药，并记得携带英文的诊断书，万一有事，当地的医生也可以尽快做出判断。

如果在旅馆感觉身体不适，可求助于旅馆的工作人员，尽量安排医生或者到附近的医院就医。如果在旅行的路途不舒服，应让身边的人叫救护车或者前往就近的医院。

迷路了怎么办

在旅游途中若发现自己迷了路，应立即停下观察周围环境，仔细回忆走过路程的一些地理特征，不要盲目前行。如果有地图或指南针，先找出自己大概的位置和住宿地的方向，看看周围有没有与地理标识相符的地理特征。实在不行，可以打电话向警察求救，如果旁边有人，则可以礼貌地询问。

应急语言有哪些

智利日常用语

汉语	西班牙语
早上好	Buenos dias
晚安	Buenas noches
打扰一下	perdoneme
谢谢	gracias
再见	adios
对不起	Lo siento
多少钱	Cu á nto
在哪里?	Donde
是/不是	es/no
厕所	baño

智利常见词汇

汉语	西班牙语
商店	La tienda
男	los
女	las
博物馆	El museo
机场	En el aeropuerto de
公园	El parque
教堂	La iglesia

智利常见路标指示

汉语	西班牙语
中文	西班牙语
小心	Ten cuidado
停止	Deja de
让路	Abran paso
车速限制	El limite de
靠右/靠左	Por la derecha/Mantengase a la izquierda
路/街	El camino/La calle
车辆不得进入	No deben entrar en vehiculos de
出口/入口	Las exportaciones de/La entrada
减速	frenar
高速公路	La autopista
东西南北	Algo entre el norte y el sur
城市中心	El centro de la ciudad

畅游智利的3种玩法

5日经典游

Day1：圣地亚哥武器广场及周边

这一天，我们可以好好地逛一逛圣地亚哥武器广场，感受一下智利的文化氛围。圣地亚哥大教堂、中央邮局、国家历史博物馆，这些著名的建筑都围绕在广场周围。还有一些其他景点也都在距离广场不远的地方。广场附近还有步行街和繁华的商业街，可以在你欣赏美景的同时，顺便购买航感兴趣的物品。

Day2：中央市场+前哥伦比亚时期智利美术馆

第二天，可以先到中央市场走一走，品尝一下美味的海鲜佳肴，然后再到前哥伦比亚时期智利美术馆参观。

Day3：巴勃罗·聂鲁达故居+圣卢西亚山

第三天，你可以先到巴勃罗·聂鲁达故居参观，然后去圣卢西亚山，游览美丽的“空中花园”，俯看圣地亚哥全景，欣赏美丽的日落。

Day4：瓦尔帕莱索市

第四天来到距离圣地亚哥仅有120千米的瓦尔帕莱索，找好住宿地方可以到被列为世界遗产的城区逛一逛，并在索托马约尔广场转一转。时至傍晚，可以走到海边吹吹海风，品尝一下智利美味的海鲜佳肴，欣赏古城美丽的夜景。

Day5：瓦尔帕莱索露天博物馆+巴布里扎宫+拉塞巴斯蒂安娜

最后一天，可以拿着地图寻找昨天没有到达的景点，比如瓦尔帕莱索露天博物馆、巴布里扎宫和拉塞巴斯蒂安娜。然后返回首都圣地亚哥，结束五天的旅程。

7日
精华游

Day1～3：圣地亚哥

对于每一个来到智利的游客来说，圣地亚哥一般都会是第一站，在这里可以花上一两天的时间游览。圣地亚哥的景点基本上以圣地亚哥武器广场为中心，很多景点只需要步行就可以到达。第二天可以稍微走的远一点，中央市场、巴勃罗·聂鲁达故居和圣卢西亚山都是很好的去处。最后一天可以登上圣地亚哥的最高点圣·克里斯托瓦尔山去看看，相信美丽的雪山风景一定会让你终生难忘。

Day4～5：圣佩德罗·得阿塔卡马

来到圣佩德罗·得阿塔卡马，第一天可以先到考古学博物馆和圣卢卡斯教堂参观，第二天到塔蒂奥间歇泉群和月亮谷。

Day6～7：瓦尔帕莱索市

瓦尔帕莱索市是是一个丰富多彩的小城市，第一天可以先到索托马约尔广场看一看，然后随性而走，这里的著名景点几乎都在广场附近。第二天，你可以有选择性地寻找第一天没有走到的景点前往参观。

●瓦尔帕莱索巴布里扎宫

10日
深度游

Day1～3：圣地亚哥

因为有充足的时间，所以大可放慢节奏，用心来体会圣地亚哥这个有着悠久历史文化的城市。第一天先到达圣地亚哥武器广场，到广场周围的圣地亚哥大教堂、中央邮局和国家历史博物馆去看一看，然后到商业街逛一逛，或坐下来欣赏广场上的民间表演。第二天，可以到拉莫内达宫、智利国家美术馆和圣地亚哥博物馆参观，顺便逛一逛奥希金斯大街。第三天，可以到中央市场、巴勃罗·聂鲁达故居和圣卢西亚山。第四天，到圣地亚哥的最高点圣·克里斯托瓦尔山去看看。

Day4～5：圣佩德罗·得阿塔卡马

在圣佩德罗·得阿塔卡马，第一天可以参观考古学博物馆和圣卢卡斯教堂，第二天到塔蒂奥间歇泉群和月亮谷。若时间有富余，还可以去普卡拉遗址转一转。

Day6～8：伊基克

建议第一天前往马米尼亚温泉泡温泉舒缓连日来劳顿的疲惫，晚上欣赏一下美丽的伊基克港口夜景。第二天可以去参观阿斯托雷卡宫和地区博物馆，也可以逛一逛索弗里。第三天可以去伊基克的海滩，相信拥有特殊地理条件的伊基克一定会让你流连忘返。

Day9～10：瓦尔帕莱索市

瓦尔帕莱索市是一个很值得放慢脚步仔细观赏的城市，第一天可以先到索托马约尔广场转一转，很多著名景点都在广场附近，你可以随性而走，说不定还会有什么新的发现。第二天，你可以有选择性地找到那些第一天没有走到的景点前往参观。

●圣佩德罗月之谷

●圣卢西亚山

Part1 圣地亚哥旅游圈

167-194

圣地亚哥是智利共和国的首都和最大城市，也是南美洲的第四大城市。它位于智利境内中部，坐落在马波乔河畔，东依安第斯山，西距瓦尔帕来索港约100千米。圣地亚哥夏季干燥温和，冬季凉爽多雨雾，碧波粼粼的马波乔河从城边缓缓流过，终年积雪的安第斯山仿佛一顶闪闪发光的银冠，天然山水给圣地亚哥增添了动人的风韵。市内的著名景点有武器广场、圣地亚哥大教堂、奥希金斯大街、国家历史博物馆等。

圣地亚哥景点分布示意图

圣地亚哥市中心景点

圣地亚哥武器广场

观光指数：★★★★★　　推荐指数：★★★★★

圣地亚哥武器广场(Plaza de las Armas)位于圣地亚哥市中心，是圣地亚哥的标志性广场，广场上有一座佩德罗·德·瓦尔迪维亚（Pedro de Valdivia）的骑马雕像。武器广场是圣地亚哥的中枢区域，四周汇聚着圣地亚哥城最重要的宗教、政治和文化机构。广场西侧是全智利规模最大、气势磅礴的大教堂，北侧有国家邮政局、历史博物馆和圣地亚哥市政厅。这里也是市民休憩的场所，有时还可以看到民间艺人的歌舞、音乐和脱口秀表演。

资讯信息

地址： Santiago Centro， Region Metropolitana

交通： 乘地铁5号线至Plaza de Armas站下车可到

亲历者体验 FOLLOW ME

圣地亚哥武器广场环境十分优美，在这里漫步小憩都不错。广场附近还有一条步行街，两侧有各种小店，服饰、化妆品、电子产品的商店以及各种餐厅应有尽有。这里的小店还会有打折活动，物价不算贵，质量还不错。在广场附近闲逛的时会现越走越繁华，听说这是圣地亚哥最热闹的商业街，当然要好好的逛一逛了。

了解点历史掌故

1540年，在西班牙的征服者弗朗西斯科·皮萨罗的指挥配合下，佩德罗·德·瓦尔迪维亚的远征队伍从秘鲁开始入侵智利。1541年佩德罗·德·瓦尔迪维亚在圣地亚哥建城，随即下令在城市中央修建武器广场。广场始建初期，中央停放满载农货的木轮马车，因此广场也成为城市主要贸易市场。殖民时期形成了一些狭长的固定摊位，就是我们现在看到的广场周围的一些小巷。1860年，受当时欧洲潮流的影响，广场开始花园化，中央开辟了一条花香草绿、树木葱郁的散步小径，这也为市民休闲小憩创造了一个绝佳场所。

圣地亚哥大教堂

观光指数：★★★★★　　推荐指数：★★★★★

圣地亚哥大教堂（Catedral De Santiago）坐落于智利首都圣地亚哥市武器广场西侧，是智利最著名的宗教文化圣地之一。大教堂的建筑是典型的巴洛克风格，教堂的正立面以拱形开洞和装饰性独立的壁柱为基本构图元素，自下而上，从舒展到紧张，逐渐达到高潮，显示了设计者高超的构图技巧。大教堂均采用了双半圆平面的设计，内部共有三个拱形长廊，每个长廊长度均超过90米，看上去大气华丽，侧面回廊则是可以沿着圣地亚哥大教堂内走一圈的朝圣路线型式。大教堂内展示有很多圣具和绘画，表现出浓郁的耶稣基督会的思想色彩。

资讯信息

地址： Santiago，Santiago Metropolitan Region

电话： 562-26962777

交通： 乘地铁5号线到Plaza de Armas站下车可到

网址： iglesiadesantiago.cl

了解点历史掌故

圣地亚哥大教堂始建于1748年，1780年经当时主教向西班牙皇室推荐罗马建筑师华金·托埃斯卡对大教堂和小教堂进行正面的修缮，形成了今天教堂的新古典主义风格特色。此外，智利历任大主教的遗骸均保留在大教堂内。

中央邮局

观光指数：★★★★★　　推荐指数：★★★★★

中央邮局（Centeal Post Office）位于武器广场内，原为总督官邸，后几次改建成为中央邮局。该邮局是一座典雅气派的白色建筑，它曾是圣地亚哥第一居所，也是西班牙征服者佩德罗·德·瓦尔蒂维亚的私人住所。整座大楼是新古典主义风格，共有三层，上面是深蓝色的穹顶，看上去高贵气派。在邮局二层设有邮政博物馆，游客可以看到各种邮票，并且了解智利邮政事业的发展，在这里写封明信片也是不错的选择。

资讯信息

地址： Santiago Centro，Region Metropolitana

交通： 乘地铁Linea 5线至Plaza de Armas站下车可到

了解点历史掌故

殖民时期现在的中央邮局为历任总督官邸，自1810年智利独立至1846年，为总统官邸。1846年以后政府办公地点以及总统官邸迁至La Moneda宫，即现在的总统府。此后不久，建筑失火，然而有几面墙劫后余生，仍巍然屹立。1882年它们被建筑师Ricardo Brown改建成新古典主义风格的大楼，也就是中央邮局大楼的前身。1908年，为迎接智利独立，建筑师Ramon Feherman为中央邮局增加了法式新古典主义风格的第三层，并增加了一个穹顶。

国家历史博物馆

观光指数：★★★★★　　推荐指数：★★★★★

国家历史博物馆（National History Museum）位于中央邮局旁边，是一座黄色的新古典主义风格的建筑。博物馆原来是皇家法院和国库所在地，建于殖民时代末期1804～1807年，虽经历了多次修缮，但建筑正面还是保持了原样。智利独立后至1846年这座建筑作为一些政府部门的办公地点，它在1981年重新修复，并于1982年成为国家历史博物馆。博物馆里收藏了前哥伦布时期至20世纪的7万多件文物，如服饰、家具、作战兵器、历史文献、古代乐器等。需要注意的是，博物馆内禁止拍照，但外部可以随便拍。

资讯信息

地址： Santiago Centro，Region Metropolitana
交通： 乘地铁5号线至Plaza de Armas站下车可到
门票： 600智利比索，周日及节假日免费
开放时间： 周二至周六10:00～17:00，周日及节假日10:00～14:00，周一休馆

亲历者体验 FOLLOW ME

走进博物馆可以看到院内有一门大炮，据说这门大炮曾被使用过，后来被放在博物馆展览。博物馆里展示了从殖民地时期开始智利历史上各位建国英雄的肖像画以及书信和家具用品等。馆内还利用塑像来再现以前的生活，让人能形象的了解殖民地时期之后的那段历史岁月。馆内还有讲解员，不过他大都说西班牙语，听不太懂。有时博物馆里还会举行绘画等特殊展览，如果赶上旅游时段展览可以要过来看一看。

前哥伦比亚时期智利美术馆

观光指数：★★★★★　　推荐指数：★★★★★

前哥伦比亚时期智利美术馆（Museo Chileno De Arte Precolombino）虽名为美术馆，但却是圣地亚哥城展品最丰富的博物馆之一。馆内展出了前哥伦比亚时期（指的是1521年以前，西班牙人统治墨西哥前的时期）美洲各地约4500年的辉煌文明，这些展品按照朝代和文明的更迭排序展出，包括印加文明、玛雅文明的重要出土文物、石像等。该博物馆里的最大看点是一具新克罗(Chinchorro)木乃伊，据说它的历史比埃及木乃伊还要早数千年。

资讯信息

地址： Bandera 361，Santiago，Chile
电话： 562-6887348
交通： 乘504、505、508路公交车至Parada 3 / (M) Plaza De Armas站下车可到
门票： 2000智利比索
开放时间： 周二至周五10:00～18:00，周六、日及节假日10:00～14:00，周一休息

了解点历史掌故

新克罗木乃伊发现于智利北部海岸线，它的特别之处不仅在于其年代久远，还有它特别的、近乎残忍的制作方法：它们参考了保存海狮的做法，那就是给尸体剥皮。博物馆里的新克罗木乃伊有红、黑两种颜色，这两种木乃伊的制作方法也是不同的。

制作黑色木乃伊时，他们通常先把尸体的皮去掉，然后把去掉皮肤的尸体在地下掩埋几周。在这段时间里，细菌会吃掉剩下的身体组织。接着他们把骨骸挖出，用木棒加固。在新克罗木乃伊上可以看到，每个木乃伊每条腿上都有木棒，并有一根沿着脊柱一直通向头部的木棒。最后他们再用稻草和粘土重新塑造成一个身体，把皮肤粘上去并且涂黑。

红色的新克罗木乃伊不像黑色木乃伊一样被完全拆卸组装，它是在不破坏外表皮的情况下在尸体上切开几个小口，取出内脏，然后用火山灰、动物的毛皮、植物、泥土等物填充进去，用仙人掌制成的针缝合皮肤。头部的处理也很特别，他们会在头盖骨后固定一个黑色的假发，然后用一个薄薄的被漆成红色的面具盖住脸部，同时身体的其他部分也会抹上赭红色的涂料。

奥希金斯大街

观光指数：★★★★★　　推荐指数：★★★★★

奥希金斯大街（O'Higgins Avenue）贯穿圣地亚哥全城，是圣地亚哥最出名、最重要的街道。奥希金斯大街长3千米，宽100米。它如一条纽带，串联起密如蛛网的大街小巷，通往四面八方。大街中间是草地花园，两边林荫遮道，每隔不远就有一座悠扬喷泉，或者是精美铜像。街旁有香味四溢的海鲜餐厅、五光十色的夜总会和夜店的霓虹灯，将原本宁静的街头装扮得生机勃勃。走在街上，明媚的景象映入眼帘，微风习习，清爽宜人，让人倍感轻松明快。

资讯信息

地址： O'Higgins Avenue， Santiago

亲历者体验 FOLLOW ME

1.初春的奥希金斯大街

初春的奥希金斯大街街道清净，天空晴朗，阳光温情，一派亮丽景色。这里的景象给人以沉静，安详的情怀。宽敞的街上行人并不多，豪华的大巴车，各色小轿车，穿梭在通畅的街道上。大街的建筑非常漂亮，街头棕榈高耸，在湛蓝的天空下，婆娑招展，绿地新草如茵，各色鲜花含苞吐艳，温馨暖人。蓝天下，远方白雪皑皑的山峰，如一尊高洁神圣的天神，守护着整个圣地亚哥。初春的城市，一片生机盎然，宛如一个童话世界。

2.奥希金斯大街附近的可游景点

大街西端有著名的解放广场，附近有宪法广场，大街东边有巴格达诺广场，市中心有武装部队广场。市区和近郊有天主堂、主教堂、邮局、市政厅；有古老的智利大学、天主教大学、国民学院、南美洲最大的图书馆、历史博物馆、国家美术馆以及智利缩影公园、宝博公园、动物园和古迹等。来这里可以尽情饱览圣地亚哥的美景。

拉莫内达宫

观光指数：★★★★★　　推荐指数：★★★★★

拉莫内达宫(La Moneda Palace)这座总统府是当年喋血政变的地点，原来独裁统治期间不对外开放，对智利人而言2000年整座建筑重新开放是件意义非凡的事。La Moneda，西班牙语是货币的意思，在智利19世纪初摆脱西班牙的殖民统治之前，这里曾是一家造币工厂，因此拉莫内达宫还是重要的文物遗址。拉莫内达宫一般都对游人免费开放，重大的国事活动除外。游客可在任何一个庭院内欣赏这座白色的殖民地风格建筑。

资讯信息

地址：Moneda S/N，Region Metropolitana
电话：562-26904000
交通：乘201、223、301路公交车至Moneda / Amunategui站下车可到
开放时间：周一至周五10:00～18:00
网址：www.gobiernodechile.cl

了解点历史掌故

拉莫内达宫是智利的总统府，西班牙帝国在18世纪兴建的最大建筑，也是西班牙美洲殖民时期最赏心悦目的建筑之一，具有典型的新古典主义风格。拉莫内达宫原为皇家铸币厂，负责铸造货币。它由意大利建筑师托斯卡(Joaquin Toesca y Ricci)于1784年开始建造，1922智利总统以及部分政府部门在此办公，1951年成为智利国家级历史遗迹。拉莫内达宫见证了直接影响智利命运一些事件，如在1973年的军事政变中，它曾遭到大规模空袭。同时，拉莫内达宫也代表着国家的政治生活。

亲历者体验 FOLLOW ME

在拉莫内达宫的广场上，每隔一天在10:00都会举行卫兵换岗仪式。广场上，一排排卫兵身穿笔挺的制服，在军乐队的伴奏下列队行进，场面非常壮观。整个仪式大约持续30分钟，在这30分钟里除了场面让人感动外还有异国的帅哥也十分养眼！听说在没有国事活动的时候游客还可以和这些警卫合影，他们也会很乐意接受这个要求。

●拉莫内达宫广场

巴勃罗·聂鲁达故居

观光指数：★★★★★ 推荐指数：★★★★★

巴勃罗·聂鲁达故居（La Chascona）坐落于一座名为“圣母山”的小山丘上，故居被建成了船的样子，步入房间，感觉像是步入了船舱。进去之后首先映入眼帘的是餐厅，在餐厅的长桌上摆放着巴勃罗·聂鲁达希奇古怪的藏品，这些别具一格的收藏让人“眼前一亮”。他收集了各种颜色的玻璃瓶，并说这样用来品酒或喝水的时候会增添一些情趣。他还收集了数幅画有帆船的装饰画、画有西瓜的油画、美丽女子的头像画、老式电话、各式各样的娃娃、音乐盒、需要上弦的玩具、烟灰缸等。一只旧电视机箱内整齐地摆放着餐具，而梳妆台则是马桶盖，这些藏品都令人忍俊不禁。

资讯信息

地址： Fernando Marquez de La Plata 0192 – Santiago

电话： 562–7778741

交通： 乘122线公交车至Plaza Caupolican站下车可到

网址： www.fundacionneruda.org

了解点历史掌故

巴勃鲁·聂鲁达（1904～1973），原名内夫塔利·里加尔多·雷耶斯·巴索阿尔托，是智利著名浪漫派诗人，1971年诺贝尔文学奖获得者，被智利人民认为是“世界上读者最多的诗人”。

巴勃鲁·聂鲁达少年时代就喜爱写诗，16岁入圣地亚哥智利教育学院学习法语。 1928年进入外交界任驻外领事、大使等职。1945年被选为国会议员，并获智利国家文学奖，同年加入智利共产党。后因国内政局变化，流亡国外。他曾当选世界和平理事会理事，获斯大林国际和平奖。巴勃鲁·聂鲁达于1952年回国，1957年任智利作家协会主席。主要作品有《二十首情诗和一支绝望的歌》《黄昏》《地球上的居所》等。

亲历者体验 FOLLOW ME

这里还有讲解员给大家讲解，跟着讲解员自己就不会看得一头雾水了。里面大多是一些古怪又新奇的藏品，可见他是一个非常善于“淘宝”的人。他似乎对“巨大的东西”特别感兴趣，因为这里收集了一只特大号码的鞋子还有一座巨大的闹钟。讲解员介绍，这些是巴勃罗·聂鲁达从他的家乡智利南部特木科（Temuco）淘来的。尤其好玩儿的是，在餐厅的桌子上放着两个精致的小瓶，上面标着“大麻”和“吗啡”，讲解员解释说，这只是他和客人们开的一个小玩笑，其实里面装的是盐和胡椒。他的鬼把戏真是让人哭笑不得。游览完之后，我似乎感受到了他的情趣、幽默和浪漫情怀。

中央市场

观光指数：★★★★★　　推荐指数：★★★★★

中央市场（Mercado Centea）以出售新鲜的海产品为主，还有一些季节性的水果和蔬菜以及印第安人的草药等在这里售卖。市场在一栋建于19世纪下半期的老建筑里，新鲜的海产食材整齐而干净地摆在餐厅旁的一个透明巨大的玻璃柜子里，品种琳琅满目，鱼类有鳗鱼、石首鱼、石斑鱼、吞拿鱼、大马哈鱼等，海鲜有霸王蟹、海胆、竹蛏、扇贝、蛤蜊和蚌类，还有很多叫不出名字的海鲜产品。该市场在“全球十佳美食市场排行榜”名列第五位。

资讯信息

地址： Comunidad Mercado Central de Santiago

交通： 乘301线公交车至Parada 6 / Estacion Mapocho站下车可到

开放时间： 周一至周四9:00～16:00，周五9:00～18:00，周六7:00～18:00，周日7:00～17:00

智利国家美术馆

观光指数：★★★★★　　推荐指数：★★★★★

智利国家美术馆（Museo Nacional de Bellas Artes）不仅是智利也是南美洲的艺术中心，是智利最重要的宣传视觉艺术的美术馆。国家美术馆的外形为巴洛克建筑风格，但是还带有建筑结构的新元素，是一个新旧结合的金属结构建筑。美术馆还有一个重要的任务就是收藏和保护杰出的美术作品，不至于流落在外或被毁坏。截止到目前，美术

馆中共有3000多件藏品，其中包括许多智利的艺术家和在西班牙发展事业的外国人的作品，还有一些东方国家的艺术品，其中有最经典的东方字画，包括中国大使馆赠送的46幅水墨画和27幅日本字画。此外，还有诗人维森特·维夫多罗收集的阿根廷雕塑。这里除了常设展厅外，还经常定期举办艺术家回顾展和特别展。

资讯信息

地址： Parque Forestal 3209, Maipu, Region Metropolitana

电话： 562-4991600

交通： 乘111、404、120等线公交车至Anita Lizana / Av. El Descanso站下车可到

门票： 600智利比索，周日及节假日免费

开放时间： 10:00～19:00，周一休息

网址： www.mnba.cl

圣地亚哥博物馆

观光指数：★★★★★　推荐指数：★★★★★

圣地亚哥博物馆（Museo De Santiago）建于1769年，是圣地亚哥殖民地式样建筑的代表作品。博物馆的外观值得好好欣赏，气派的大门、石造的一层以及二层的每个露台，都充分 展现出他的殖民地风格。智利独立之后，这里曾经作为第一任总统Don Mateo de Toroy Zambaro的官邸。现在馆内主要利用地图、照片、全景图像等，向人们介绍整个圣地亚哥从殖民地时代到现今的变迁过程。

资讯信息

地 址： Merced 832, Region Metropolitana, Santiago

交通： 乘122、303、307路公交车至Parada 1 / (M) Plaza De Armas站下车可到

电话： 562-6397903

门票： 500智利比索，周日及节假日免费

开放时间： 周二至周六10:00～18:00，周日及节假日11：00～14：00，周一休息

圣地亚哥周边景点

国家自然历史博物馆

观光指数：★★★★★　　推荐指数：★★★★★

国家自然历史博物馆（Chilean National Museum of Natural History）是南美洲历史最古老的博物馆之一，该博物馆是了解包括智利人在内的美洲人起源、智利动植物演化史以及矿业资源形成史的重要窗口。博物馆是一座新古典主义风格建筑，馆内设置了研究区、维护区、教育区和设计区，专门从事智利自然史的研究和普及。目前，博物馆展示了人类学、植物学、动物学、矿物学和古生物学的重要藏品，设有12个永久展区，主要展出如智利生物地理、陆地生态系统、软体动物、人类文化和铜的应用等。

资讯信息

地址： Parque Quinta Normal, Santiago, Region Metropolitana
电话： 562-26804603
交通： 乘地铁5号线至Quinta Normal站下车可到
门票： 600智利比索，周日及节假日免费
开放时间： 周二至周六10:00～17:30，周日及节假日12:00～17:30，周一休息
网址： www.mnhn.cl

了解点历史掌故

智利国家自然历史博物馆始建于1830年，当时的智利政府希望对境内的主要动植物演化及矿业发展史进行梳理，为此专门成立了自然历史委员会，并聘请法国博物学家克劳德·盖伊负责规划实施。博物馆目前所在建筑修建于1875年，当时智利政府为筹备第一届智利国际展览会专门聘请法国著名建筑师保尔·拉图设计建造。

亲历者体验 FOLLOW ME

走进博物馆就好像走进了一个神奇的世界。首先看到的是博物馆里有关宇宙、地球以及智利起源的介绍，这里还展示着“世界上最古老的岩石”，据说形成于100万年以前。博物馆里利用全景图像、图解等方式详细介绍着智利及周边各个地方的自然特色以及生存的动物等。大厅中央是一具复原后的巨大鲸的骨骼，这里展示了智利90%以上的植物标本，来这里游览会让你见识到自然界的许多奥秘。

智利国家图书馆

观光指数：★★★★　　推荐指数：★★★★

智利国家图书馆（Biblioteca Nacional de Chile）馆藏丰富，几乎涵盖拉丁美洲各个领域，是南美洲最大的图书馆之一。到目前为止，图书馆藏书160万卷，期刊900多种，摇篮本80多卷，学位论文40篇。另外还有很多乐谱、地图、视听资料、文献等。图书馆馆藏增加的重要源泉是由于1825年颁布的缴送法，该法要求每种在智利刊行的图书或小册子都要向图书馆缴送几册。除了保存智利文献外，图书馆还是智利联邦政府出版物的保存本库。博物馆在20世纪80年代使用NOTIS系统，注重自动化，所以该馆信息通畅。

资讯信息

地址： Avenida Libertador Bernardo O Higgins 651
电话： 562-6338957
交通： 乘地铁1号线到Santa Lucia站下车可到
网址： www.dibam.cl

了解点历史掌故

智利国家图书馆于1813年8月19日开馆，第二年由于殖民者的侵略而闭馆，国家独立后又重新开放。1848年颁布的出版法规定，出版家要向国家图书馆缴送出版物，同年该馆合并了唐·马里诺·英甘纳的私人图书馆。上个世纪后五十年代，该馆继续扩充馆藏，收集到本杰明·费库那·麦肯诺的美国藏书，并首次出版了印刷目录。后来又收集了唐·安德雷斯·拜娄和唐·维克多·伊萨戈雷的书籍，同时还和大多数美国公共图书馆建立了交换关系。1886年，唐·路易斯·孟特创立了《智利出版年鉴》，这是全国出版事业的一个清单。他的后任——曾当过教育部次长的唐·卡洛斯·塞尔瓦·克鲁兹则致力于兴建新的图书馆和成立图书馆总管理理事会。1927～1931年，图书馆收到了约西·特雷比奥·麦地那和巴洛斯·阿兰多的藏书，随后又设置了便于工人们晚间阅读的夜间阅览室。第二次世界大战前后，图书馆与外国侨民及其政府和文化组织建立了联系，这种政策一直执行到现在。

圣卢西亚山

观光指数：★★★★　　推荐指数：★★★★

圣卢西亚山（Santa Lucia Hill）是智利著名的风景区，被誉为智利最有情调的空中花园。圣卢西亚山高230米，为锥形山岗，山上林木繁茂，有一片美丽的绿地，更有精巧别致的建筑点缀其中，如同一座优美宜人的花园。山脚下的入口处有深红色宫殿式大门，附近矗立着一座印第安反殖民统治战争中英雄的塑像；一条弯弯曲曲的山路盘旋而上，直通山顶；山上有古希腊雅典式的白石门廊，门廊两侧是古朴、苍劲的巨型壁画。来这里游览一番会让人心旷神怡，是游客不可错过的景点。

资讯信息

地址：位于圣地亚哥市中心东部
交通：乘地铁1号线至Universidad Catolica站下车可到
开放时间：夏季9:00～20:00，冬季9:00～19:00

亲历者体验 FOLLOW ME

圣卢西亚山满山都是茎干肥硕、形态各异的仙人掌，还有一些色彩艳丽的花草点缀其间。山腰上有一处“石泉”，泉水缓缓从石雕顽童怀抱的罐子中流淌出来，在郁郁葱葱的林木中形成一潭碧水。山顶有一座七角古堡，从古堡可以俯瞰奥希金斯大街横贯全城，公路上汽车川流不息，两侧高楼大厦林立；解放广场、宪法广场、巴格达诺广场等历历在目。古堡附近有曲径盘旋的假山以及飞洒的喷泉，景色秀美多姿，难怪被称为空中花园。山顶还有一座据说是西班牙殖民者在1540年建造的南美洲第一座炮台——克鲁普炮台。

圣·克里斯托瓦尔山

观光指数：★★★★　　推荐指数：★★★★

圣·克里斯托瓦尔山（Cerro San Cristobal）占地7.12平方千米，海拔880米，是圣地亚哥市至高点。山中有多处景点，如圣母像、动物园、游泳池、餐厅、文化之家等。圣·克里斯托瓦尔山上植被丰富，丛荫茂密，也称为都市公园，园内设有葡萄酒博物馆、日式庭园等，是市民休闲的好去处。山顶的中心部位矗立着圣母玛利亚雕像，牙白色圣母像铸于法国，是两臂张开的造型，高14米，重36吨，这座雕像是圣地亚哥的主要标志。山上还有多处观景台，可将圣地亚哥全景一览无余。

资讯信息

地址： Providencia, Santiago Metropolitan Region

交通： 可乘有轨火车或空中索道来这里

门票： 缆车+空中索道2300智利比索，葡萄酒博物馆500智利比索左右

开放时间： 缆车周一13:00～20:00，周二至周日10:00～20:00；空中索道周一14:30～17:00，周二至周五12:00～19:00，周末及节假日10:30～19:00；葡萄酒博物馆12:30～22:00

亲历者体验 FOLLOW ME

每当节假日的时候，圣·克里斯托瓦尔山上的花园里十分热闹，人们集结于树下溪边练习瑜伽、太极拳、跳健身操，或举家出游围坐在草坪上野餐，可谓其乐融融，自在逍遥。借着山顶优势俯瞰全市的美景，在黄昏的时候，望着悠远的晚霞、雪山与繁华的城市灯火交相辉映，真是别有一番情趣。

专题：智利醇美的葡萄酒

智利葡萄酒在20世纪90年代以后逐渐走向世界，得天独厚的地理条件和宜人的地中海气候塑造出智利无与伦比的自然风貌，为智利葡萄的生长提供了有利的条件，同时，也为其产出优质葡萄酒奠定了基础，再加上欧洲古老的酿酒方法，使得酿制出的智利葡萄酒既有欧洲传统，又不失南美风味，给人一种新旧交叠的感觉，这也是智利葡萄酒的独到之处。

智利葡萄酒的发展历史

在智利，耶稣会的神父创造了早期的酒园，葡萄酒主要被用在圣餐的庆典上。在西班牙统治时期，葡萄酒产业受到殖民政府的严格监管，国内葡萄园的产出只能被政府收购，除了运往国内供贵族消费之外，智利的百姓喝葡萄酒也必须付出高昂的价钱，更不用说销售国外了。在政治上依附于西班牙王国的同时，智利真正值得骄傲的葡萄酒历史却大部分受到法国的影响，在酿酒的手法上传承了波尔多体系（一种关于酒的评级标准）。在根瘤蚜病还未席卷欧洲的时候，智利的有钱领主就开始将法国葡萄引种到智利，有些庄园主甚至还聘用了来自法国的酿酒学家监管葡萄园的运作。他们的意图当然是希望能够在智利酿出接近当时世界最卓越的波尔多酒的味道。

智利葡萄酒业已经走过了400多年的光阴，如今的葡萄酒酿造厂已拥有最先进的技术，而且无论是新的还是旧的地质勘探，都有助于栽培者为葡萄生长创造最佳环境。从北部的Elqui山谷绵延至南部的Malleco，葡萄园星罗棋布，甚至在南部更远的地区也开始实验性的种植。葡萄种植带沿着安第斯山坡，蔓延到近海，这样大面积的种植，同时也为智利提供了多种多样的高品质葡萄酒。

时至今日，智利的葡萄酒已经跃居世界第三的位置，尤其在英国和日本非常受欢迎，当然它的名气也打入了中国市场。

智利葡萄的优质品种

1.卡本内苏维翁

卡本内苏维翁（Cabernet Sauvugnon）种植最为广泛，也是优质的红葡萄品种。它适合不同的气候，很容易生长。果实颜色比较深，闻起来有青草香和烟熏味，还有一种黑莓的味道。

2.佳美娜

佳美娜（Carmenere）最初在法国波尔多广泛种植，用于酿造顶级葡萄酒。19世纪初根瘤蚜（是一种寄生于葡萄的害虫，会造成葡萄根的腐烂，令植株死亡）肆虐欧洲，所有葡萄品种都难以幸免，佳美娜更是几乎绝迹。佳美娜的果实颜色浓、糖分高、单宁柔和，酒体圆

润柔顺，经常带有红色浆果、黑巧克力和胡椒般的辛辣口味。

3.白苏维翁

白苏维翁（Sauvignon Blanc）生产在寒冷的地区，由于气候凉，它的果实酸度高、刺激感强，有时甚至酸的让人舌头打颤。用白苏维翁酿制的葡萄酒需要趁年轻时候喝，年轻的白苏维翁香气清爽，混合着苹果、哈密瓜、无花果、矿石等的香气，喝起来十分爽口。这种酒陈年2～3年后会有芦笋的味道。

4.梅洛

梅洛（Merlot）一般生长在肥沃土壤或沙质土壤中，易于栽培，而且产量很高，极易早期丰收。它的果实肉软多汁，呈蓝黑色，具有浓郁的果香味。可酿造宝石红、果香浓郁、单宁质地柔顺、酸度低、口感圆润厚实的葡萄酒，也适合陈年，但无法像卡本内苏维翁可以储存十年以上。它经常与卡本内苏维翁混酿，但新世界单独酿造的梅洛葡萄酒亦顺口流畅，不用陈酿就可饮用。

智利葡萄的优良品种还有赤霞珠（Cabernet Sauvignon）、卡曼尼（Carmenere）、长相思（Sauvignon Blanc）、霞多丽（Chardonnay）等。

智利葡萄酒的主要品牌

1.蒙特斯酒庄

蒙特斯酒庄（MONTES）位于智利中部的葡萄酒产区里，1988年由四位酿酒与销售经验丰富的酒界人士所创立。经过十几年的努力，他们成功推出一系列的高质量葡萄酒，95%的总生产量销售至全球五大洲包括200多个国家，是智利前五大葡萄酒出口酒厂之一。

2.卡丽德拉酒园

卡丽德拉酒园（Caliterra）坐落于科尔查瓜山谷的中心地带，他们始终致力于酿造出新鲜果味，能突出每一品种自然特征的智利葡萄酒。关

于卡丽德拉酒园还有一段故事，据说智利炎热干旱的夏季多发草原大火，而焚烧草地既有危险又会产生大量浓烟。卡丽德拉酒园采用了在草原上放养马群的环保方式，既为马群提供了充足的食源，又自然地控制了草的数量，使庄园得以远离火灾的威胁。

3.卡门酒庄

卡门酒庄（Carmen）创始于1850年，是智利最古老的葡萄酒庄园，以无公害葡萄酒而闻名，是智利最早实施无公害种植葡萄的酒厂之一，基本采取不施肥的种植法。卡门酒庄的名字来源于创始人Christian Lanz的灵感，他以妻子的名字为酒庄命名。从精心挑选的葡萄园，到高质量的葡萄本身，这种激情在葡萄酒的个性中得到了淋漓尽致的体现。

4.甘露酒厂

甘露酒厂（Concha Y Toro）是智利最大的葡萄酒生产商之一，他们生产的葡萄酒销往世界各地的110多个国家和地区。

除此之外，智利葡萄酒的知名品牌还有桑塔丽塔（Santa Rita）、比卡（Vicar）、、娜堤

瓦酒庄(NATIVA)、卡萨斯·帕德纳芮葡萄酒庄园（Casas Patronles）等。

智利的主要葡萄酒产区

智利属于地中海气候，夏天温暖干燥，冬天凉爽多雨，非常适合葡萄生长。葡萄酒产区主要位于智利首都圣地亚哥附近，气候和土壤条件非常适合酿酒葡萄生长。由于智利的降水主要在冬季，而且安第斯山融化的雪水也为智利提供了纯净的水源，因此智利是世界上少有的没有受根瘤蚜疾病困扰、不需嫁接的葡萄酒产区。温和的气候和较大的昼夜温差，让葡萄可以比其他产区有更长的成熟期。智利葡萄酒产区分四个大区，包括科金博大区（Coquimbo Regions）、阿空加瓜大区（Aconcagua Regions）、中部山谷大区（Central Valley Regions）、南部大区（Southern Regions）。

1.科金博大区

艾尔奇山谷（Elqui Valley）：这里种有大量的麝香葡萄，智利传统的的PISCO蒸馏酒就是用这种葡萄酿造的。这里除了麝香葡萄之外，还种植其他葡萄如卡曼纳、西拉、赤霞珠等品种。

利马里谷（Limari Valley）：安第斯山上的雪水在这里汇集成为利马里河流，也造就了Norte Chica湖泊，这里90%为红葡萄。

侨帕谷（Choapa Valley）：位于智利最窄处，安第斯山脉和海岸山脉在这里相接。这个狭小的山谷由Illapel和Salamanca两部分组成，至今还没有酿酒厂设在这里，但在多岩石的山麓却有着一些葡萄园，限量种植优质西拉和赤霞珠酿酒葡萄，因其高酸性和低PH值而弥足珍贵。

2.阿空加瓜大区

阿空加瓜谷（Aconcagua Valley）：这个山谷在1870年就开始种植红色的酿酒品种，这里的红葡萄色泽深，单宁出色。

卡萨布兰卡谷（Casablanca Valley）：近几年来这个产区生产不少出色的葡萄酒，也是智利唯一一个白葡萄种植多于红葡萄的地区。好的智利白葡萄酒大多来自这个产区，特别是长相思和霞多丽，清新的柠檬香型是它们的典型特征。这个产区位于圣地亚哥和智利主要的港口城市Valpaxaiso。

圣安东尼奥谷（San Antonio Valley）：这是个比较小的葡萄酒产区，靠近海边。

3.中部山谷大区

美宝谷（Maipo Valley）：这是智利最古老的葡萄种植区。它是一个横向的山谷，从安第斯山向下直达太平洋，此区域适合种植不同品种葡萄，位于安地斯山脉的丘陵地带。葡萄园是出产智利最佳赤霞珠的地方。

察加珀谷（Cachapoal Valley）：这个山谷的葡萄园是安地斯山脉下最佳的葡萄种植地之一，具有绝佳的条件种植红葡萄品种，这里的佳美娜葡萄酒值得称赞。

孔加瓜谷（Colchagua Valley）：这里是传统的、很重要的葡萄酒产区，适合于种植不同的葡萄品种。区内有不少有名的酒庄，多数酒庄都离该城镇不远，以红葡萄最为出色。

4.南部大区

伊塔塔谷（Itata Valley）：这是智利传统的葡萄酒产区，已有400年的历史，这里也出产优质葡萄酒。

比奥比奥谷（Bio-Bio Valley）：这里种植了黑比诺、雷司令、霞多丽和琼瑶浆等品种。

马勒库谷（Malleco Valley）：它是目前为止智利最南端的葡萄酒产区，尽管一些实验性的葡萄园已经延伸至更南方的Osorno。但这一地区的高降水和短生长季对其他的葡萄品种来说充满风险，但对于霞多丽品种来说则特别适合生长，实验性的黑比诺（Pinot Noir）种植也充满希望。

智利葡萄酒的分级

比起复杂法国的分级制度，智利的葡萄酒分级更像美国分级制度的翻版，即它只针对同一酒庄的不同级别酒进行分级。对于广义上的智利酒，不同酒庄但同一级别的酒不能直接按照标签上的分级比较，而要根据不同酒厂对品质的要求或者在国际上的评价而论。另外如果在酒标上标注葡萄园的所在产地，那么出自此产地的葡萄含量一定要达到75%以上。

1.Varietal：品种级，只列葡萄名称，这是最基本的酒。

2.Reserva：珍藏级，酒是由橡木桶储存过的，比品种级的酒好。

3.Gran Reserva：特级珍藏级，使用更多、更新的桶，储藏时间较长，质量也更上一层，很多酒厂都有这类酒。

4.Reserva De Familia：家族珍藏级，基本上表示是某酒庄最好的酒，也可能用类似的方式来代表特殊的出品，如Montes的Alpha、M.Casa Lapostolle的Clos Apalta和Valdivieso的Caballo Loco等。

5.Premium：至尊限量级，比家族珍藏更好，但数量有限，如果没有达到标准的葡萄，酒厂就不会酿制Premium。比之Reserva De Familia 和Premium，Premium还有一点区别就是酒存放在橡木桶中的时间不同。通常状况下，Premium系列的酒存放在新的法国橡木桶中的时间要超过18个月，比如La Lejania的Premium Shiraz，存放时间为22个月。

来到智利，不妨来一次葡萄酒之旅吧。你可以去参观葡萄园和葡萄酒酿造厂，你还有机会在专业导游和斟酒侍者的陪同下感受高雅葡萄酒的香味和口感。你将感叹葡萄园的壮丽、葡萄酒的香醇，并陶醉于古老的庄园里。

圣地亚哥旅游资讯

自助游必须掌握的交通

航空

圣地亚哥的阿图罗·梅里诺·贝尼特斯准将国际机场（Aeropuerto Internacional Comodoro Arturo Merino Benitez）位于圣地亚哥市中心西北约25千米处。它建成于2011年，是一座现代化的机场，也是智利最大的航空设施。机场一层是到港大厅，二层是出港大厅，三层是餐厅，在这里候机或就餐都很方便。这里有国际国内多条航线，临近各国飞往圣地亚哥的有秘鲁的利马、阿根廷的布宜诺斯艾利斯、乌拉圭的蒙得维的亚、巴拉圭的亚松森、厄瓜多尔的基多等航线。其中，从圣地亚哥飞往利马的航班每天有9班，航程约3.5小时，飞往布宜诺斯艾利斯的航班有8班，航程约需2小时。国内航线也在同一座航站楼内。机场问询电话562-26773000或26773600。

主要的航空公司

航空公司	地址	电话
阿根廷航空	Av.11 de Septiembre 1978 Locales 1y2	562-23356064
兰智利航空	Americo Vespucil 901	562-26872333
大陆航空	Merchant Pereira 353	562-22042424
巴西瓦利古航空	El Bosque Norte 0177 Torre del Bosque 0f 903 Piso 9	562-23320827
美洲航空	Huerfanos 1199	562-26790000
德尔塔航空	San Sebastien 2839 0f 601	562-22330441

从机场前往市区的交通	
名称	信息
机场巴士	机场巴士是三种交通方式中最便宜的一种。国际航线到港大厅出来就是机场巴士乘车站，在这里乘巴士到市里大约1500智利比索
小型巴士	这种小型巴士可以乘坐9人，与机场巴士一样，出了航站楼就可以看到，巴士上有Transfar的标志。乘车之前需要先买票，车票可以在大厅内购买，也可以在乘车处购买。从机场到市区大约3500智利比索。如果从市内到机场，可以打电话预约，巴士会直接到饭店可以选择。预约电话是562-67773000
出租车	如果行李较多的话乘坐机场出租车就很方便了。它到市内的费用是规定好的，到市中心大约7100智利比索

火车

圣地亚哥的铁路交通也十分方便，从圣地亚哥中央车站到奇廉、康塞普西翁、特木科之间都有火车运行。开往奇廉的火车每天有3趟，全程约需4.5小时，费用为5000智利比索左右，途中经过库里克、塔尔卡等地区。开往康塞普西翁和特木科的火车每天各有1趟，运行10~12小时。铁路信息网址www.efe.cl。

从中央车站到市内也非常便利，火车站的旁边就是Estacion Central地铁站，从这里乘地铁到智利大学站约需5分钟。也可以乘坐线路巴士和出租车前往市内。

汽车

圣地亚哥有4个长途汽车总站，分别是位于市中心的洛斯埃罗艾斯巴士总站（电话562-42000099）、距离市中心1千米左右的圣地亚哥巴士总站（电话562-23761755）和阿拉梅达巴士总站（电话562-22707500）、火车站附近的圣博尔哈巴士总站（电话562-27760645）。洛斯埃罗艾斯巴士总站主要运行开往北部城市的长途汽车，也有开往阿根廷的国际长途汽车。圣博尔哈巴士总站也还行开往北部城市的汽车总站。这里设有国内各大巴士公司的柜台，从这里发往全国各地的巴士都有，如拉塞雷纳、蒙特港、伊基克、安托法加斯塔等地。车票可以在长途汽车站的巴士公司柜台购买。

从汽车站到市内可以就近乘地铁或巴士和出租车。圣地亚哥和阿拉梅达巴士总站附近是Unibersidad de Santiago站，从这里乘坐地铁可以到智利大学站，用时 约10分钟。或者你也可以在奥伊斯金大街乘巴士或出租车前往市内，出租车的费用一般在2500智利比索左右。洛斯埃罗艾斯和圣博尔哈巴士总站附近也有地铁站，可以就近乘坐，前往市内。

市内交通

地铁：圣地亚哥地铁是智利唯一的地铁，共有地铁1、2、4、5四条线路。地铁主要在市内的主干道运行，地铁1号线是东西方向，在奥伊金斯大街—普罗维登西亚大街地下运行；地铁2号线为南北方向，在何塞·米格尔·卡雷拉大街地下运行；地铁5号线大致为南北方向，从巴格达诺广场沿着比库尼亚·麦马肯纳大街地下。

地铁票可以在地铁站内标有售票处（Boleteria）的售票窗口购买，也可以在自动售票机上购买。需要注意的是它的地铁票价与乘坐的距离没有关系，而是根据时段的不同来区别收费的，比如上下班高峰时期和闲时票价会有不同。购买车票后要把车票放入自动检票机内，如果是单程车票，车票会被自动检票机收走；如果是多次乘车票，车票经过验票后会从检票机内出来，乘客带走就可以了。地铁站的换乘标志是“Cambinacion”，出站的标志是“Salida”。

圣地亚哥各时段的地铁票价也十分明朗，7:15～9:00、18:00～19:30为高峰时刻，单程票价是400智利比索；6:30～7:15、9:00～18:00、19:30～22:30票价为310智利比索。另外还有一种预付款卡（Multivia），相当于我们的一卡通，票价是2000智利比索，其中包括1000智利比索的保障金。预付款卡也是按其他卡一样正常扣费，这种卡可以在售票处充值。

圣地亚哥地铁线路示意图

线路巴士：圣地亚哥的线路巴士有黄色和白色两种，由于它们几乎都是私人经营，线路比较复杂，所以很难搞清楚每辆巴士的起始站。最好的的辨认方法就是看车前挡风玻璃上，或者车身上的目的地以及路线所通过的地名来辨认。如果想要乘坐巴士，最好到饭店服务台咨询，让他们给你提供信息。上车之前你也可以询问司机，是否会到达你想去的地方，并请司机帮忙提醒在哪里下车。

小型公共汽车：小型这种汽车上会标有目的地和所要经过的街道名称，没有固定的停靠点，想要在哪里下车直接告诉司机就可以了。此外，小型公共汽车线路和路费都是固定的，所以对游客来说很方便。车里可以乘坐4人，每人费用是300~350智利比索。

出租车：出租车的车身是黑色而车顶是黄色的，非常容易辨认。圣地亚哥市内有很多出租车运行，很容易就可以看到。出租车的起步价是150~170智利比索，之后每行进200米或每1分钟要加80智利比索。

有些出租车司机看到是外国游客可能会故意绕远宰客，因此乘车前最好从地图上确认目的地的方向以及大致路线。而且要看司机有没有使用里程表，不过，可以安心乘坐是电话预约的无线出租车，他们会到指定的地方接你，预约电话可以询问酒店前台。酒店里也有自己的出租车，价格稍微贵一些，但是遇到堵车时不会增加费用，也值得选择。

租车：圣地亚哥的道路也是靠右行驶的，你也可以选择租车自驾游。在机场或市内都有汽车租赁处，中型车租赁一天的费用是20000~40000智利比索，还要交18%的税金以及每天5000智利比索的保险费。租赁汽车时要出示国家驾驶执照、护照和信用卡，租车者必须在25岁以上。机场内的Avis租车公司电话562-26019966。

徒步：圣地亚哥市内有很多步行街，徒步游览也是不错的选择。圣地亚哥的大多数历史景点都集中在旧街区，可以徒步去参观。如果想要逛街或购物可以去新市区，走走停停，自由方便。

驴友力荐的住宿地

圣地亚哥作为智利的首都和著名的旅游景点，供游客落脚的住宿地自然少不了。这里从高档的酒店到实惠的旅馆应有尽有。如果想要在豪华舒适的酒店入住，可以选择在新市区住宿，这里有很多四星级和五星级酒店，肯定能够满足你的需求。如果想要价格便宜的旅馆，你可以到旧街区，这里有很多价格实惠的旅馆，而且交通也比较方便。不过需要注意的是，旧街区的治安可能不太好，住宿时要注意安全。

在机场有申请饭店住宿的柜台，你可以在这里咨询预订，或者去位于普罗维登西亚的观光导游处，他们会为游客介绍价格适中的旅馆。

推荐几家比较受欢迎的旅馆

名称	地址	电话	价格
Ibis Santiago Providencia	Providencia 1187, Santiago	562-7683800	33150智利比索起
Hotel Santiago Park Plaza	Av Ricardo Lyon 207, Providencia, Region Metropolitana	562- 3724000	63030智利比索起
Soho Apartments Santiago	Miraflores 455, Santiago 8320109, Region Metropolitana	562-6382413	24170智利比索起
City Inn Apart Hotel	Av. Once De Septiembre 2170, Providencia, Santiago	569-98798507	36960智利比索起
Hotel Kennedy	Vitacura 4570, Santiago, Region Metropolitana	562-2908100	57340智利比索起

饕餮一族新发现

智利海产食品很丰富，特别是龙虾和牡蛎(5～8月)。圣地亚哥当地的餐食主要有鳗鱼汤、贝类菜、鸡肉蔬菜汤、卷酥馅饼、辣味玉米粽子、牛排米饭、瓦锅蒸牛排面条等。菜肴是用猪肉、牛肉、葱头、土豆、西红柿、生菜、兵豆、鹰嘴豆等制成，其中烤肉占很大成份，香味扑鼻，鲜美可口。圣地亚哥待客的餐桌上摆有各类水果，如苹果、柑桔、葡萄、甜瓜、李子、杏以及山橄榄等，智利人称水果为天然甜食。酒自然是待客必不可少的，低度白酒、红葡萄酒、白葡萄酒等都是待客的常备酒。

圣地亚哥的美食除了地道的智利菜以外还融合了其他国家的菜肴，也有很多南美各国、美国、法国、意大利，甚至亚洲国家的美食餐厅。在圣地亚哥的市中心和新市区集中了很多特色的餐馆，在普罗维登西亚—拉斯孔德斯地区还有餐饮街，保证让你吃大饱口福。

圣地亚哥餐馆推荐

美食地 Fuente Alemana

这家餐厅主营当地美食，经济实惠。店里的菜品很多，有猪肉做成的美食、奶酪、三明治和许多种调味品。店里还有一些意大利菜你也可以品尝一下。

地址： Av Pedro de Valdivia 210, Local, Providencia, Santiago
电话： 562-2334705
价格： 2310～4550智利比索

美食地 Las Vacas Gordas

这家店很受欢迎，美味的牛排和烤肉串是店里的招牌菜，还有美味的意大利面也不容错过。值得提醒的是，这家店需要提前预定。

地址： Cienfuegos 280
电话： 562-6971006
价格： 主菜1900～3800智利比索

美食地 Restaurant Majestic

这是一家比较高档的餐厅，内部装饰华丽气派。主营印度菜，如印度烤肉和各式咖喱菜等。

地址： Santiago, Santiago Metropolitan Region
电话： 562-6909400
网址： hotelmajestic.cl
价格： 主菜4260～8050智利比索

美食地 Yl Peperone

这是一家口碑不错的咖啡馆，店内供应20多种肉馅卷饼（empanada），味道都不错。而且你也可以尝尝他们的奶酪和芦笋。

地址： Calle Huerfanos 1854, Santiago, Region Metropolitana
电话： 562-6722374
价格： 肉馅卷饼950智利比索

淘宝达人爱去的街店

圣地亚哥的羊毛织品和手工编织都是不错的选择，华丽炫彩的蓝宝石和玛瑙是女性游客最钟爱的纪念品，另外银器也是不可多得的精致工艺品和生活用品。还有用智利特产的铜所制成的壁饰、饰品、割纸刀等珍奇的东西和用类似大理石的Onix制成的烟灰缸、饰品，以及原住民阿拉乌卡族手编的地毯、斗蓬，名为Lapiz Lazuliz宝石制的戒指、耳环、项链等都是不错的商品。购买一些带有智利特色的小物件，摆在家中或赠送亲友都是一件很有意义的事。

圣地亚哥购物地推荐

购物地 中央车站

圣地亚哥是智利的首都，智利的特色手工艺品，如铜制品、羊驼围巾之等都可以在这里找到到。车站附近的中央市场以出售新鲜的海产品为主，还有季节性的水果和蔬菜，以及印第安草药等。车站附近也有价格最实惠的工艺品市场，这里的商品还可以还价，买的数量多还会有更多优惠。羊驼毛织品因纯度不同而价格不一，但在中央车站最贵一般的不会超过20000智利比索。

购物地 洛斯多米尼科斯民间艺术品村

这里有160多家智利农村建筑风格的小作坊，购物氛围浓郁，穿梭其间时别有一番韵味。这里的各色工艺品制作精美，很多作坊主人本身就是艺术家，即使不买你也可以来这里好好欣赏一番。买高级羊驼围巾可以来这里，这的羊驼毛织品档次比较高，质量有保证。但是如果要买铜制品的话最好还是去中央车站，因为质量差不多和相同的铜制品这里的价格要比中央车站高出很多。

购物地 帕特罗娜托商业中心

帕特罗娜托商业中心是一个平民阶层的购物场所，如果没有太多的购物预算，或者不想过于奢侈可以到这里淘淘宝。沿着这条街，有很多服装店、配饰店等，虽然不是名牌，但也可以赏心悦目。

小贴士

一般营业店营业时间：

购物中心：周一至周日10:00～21:00

商店：周一至周五10:00～20:00，周六10:00～14:00

货币兑换店：周一至周五9:00～19:00，周六9:00～15:00

银行：周一至周五9:00～14:00

购物地 购物中心

圣地亚哥最大的购物中心活动是Parque Arauco和Alto Las Condes。这两家商场在每年的2月和8月会有服装换季大减价活动，很多在国内天价不动的欧美名牌在这时会有意想不到的惊喜价格。而Alto Las Condes里的Jumpo大超市能买到比较便宜的玫瑰油和玫瑰霜，它是智利和阿根廷的特产，有祛除眼角的皱纹的功效，四小瓶为一盒，约为6000智利比索，玫瑰霜每盒约4500比索，可以说是物美价廉。

消夜族恋恋不舍的地方

圣地亚哥最受欢迎的休闲娱乐地是靠近马波丘河畔的贝拉维斯塔地区。该地区有很多酒吧、俱乐部、剧院等娱乐场所，深受当地人和游客的欢迎。Bellas Artes和Lastarria地区位于市区内，以时尚的酒吧和夜总会为特色，其中一些酒吧和夜总会有现场乐队表演“cueca chora”是摇滚风格的舞蹈。

娱乐场所推荐

名称	地址	电话
Bar Restaurant el Carlitos Vega	Calle Jotabeche 343, Estacion Central, Santiago	562-3239548
El Otro Bar	Pje Gral Adolfo Holley 167, 23, Providencia, Santiago	562-3342095
Bar El Quitapenas	Recoleta 1485, Santiago 8420112, Region Metropolitana de Santiago	569-97378296
Bar Rest el Estribito	Calle San Pablo 7029, C, Lo Prado, Santiago	562-6672532
Bar Nacional 2	Hu é rfanos, Region Metropolitana	562-6965986

Part2 瓦尔帕莱索旅游圈

瓦尔帕莱索位于瓦尔帕莱索湾南岸，是南美洲太平洋东岸的重要海港，它被誉为“太平洋珍珠”，由于城市建筑在大量的陡坡之上并可直接俯视太平洋，瓦尔帕莱索自豪的宣称：迷宫般的城市道路和鹅卵石小巷体现了城市丰富的建筑和文化遗产。基于城市不断的更新发展和独特的建筑风格，联合国教科文组织将瓦尔帕莱索纳入世界文化遗产范畴。瓦尔帕莱索的气候宜人，风景秀丽，市内有多所大学和博物馆，是著名的旅游胜地。

瓦尔帕莱索景点

索托马约尔广场

观光指数：★★★★★　　推荐指数：★★★★★

资讯信息

地址： Prat, Valparaiso

索托马约尔广场（Plaza Sotomayor）是阿根廷一个特殊的广场摄影迷们对美丽如画的瓦尔帕莱索无限神往，而索托马约尔广场就是探索这个城市的开端，它邻近市中心大部分景点。广场交通设计的很古怪，有多条车道可供车辆穿行。

亲历者体验 FOLLOW ME

在索托马约尔广场，可以看到这个美丽城市的基本轮廓，每个来到这里的游客都忍不住要多拍些照片当做留念，那如画的风景，真像是画家笔下的杰作。

巴布里扎宫

观光指数：★★★★★　　推荐指数：★★★★★

巴布里扎宫（Palacio Baburizza）是一座意大利建筑风格的宫殿，这座宫殿很气派，让人忍不住对它肃然起敬。这座宫殿有着得天独厚的地理位置，从这里遥望港口，远远看去，景色非常的美。

资讯信息

地址：Monte Alegre, Valparaiso

亲历者体验 FOLLOW ME

一个人的时候，来这个地方瞻仰一下宏伟的宫殿是一件很不错的事，宫殿的光环虽然能够让很多建筑在它面前黯然失色，但宫殿周边的景色却丝毫没有被它掩盖，远远地望着海景，整颗心都会被这美丽的地方吸引住。

瓦尔帕莱索露天博物馆

观光指数：★★★★★　　推荐指数：★★★★★

瓦尔帕莱索露天博物馆（Museo a Cielo Abierto de Valparaiso）位于维多利亚广场附近的街区，它其实是一些白铁皮的民宅，民宅的屋檐下晾着很多洗好的衣物，与颜色奇特的房屋搭配在一起，形成了一个有趣的艺术空间，因此这里被当做是一个露天博物馆。

资讯信息

地址：ROM. Bella vesta

门票：免费

开放时间：全天

亲历者体验 FOLLOW ME

这是一个很有艺术情调的地方，屋檐下的衣物随着风轻轻飘动，煽动起人们对这里的热情。那造型有趣的房屋，就像一幅很有意思的艺术画。

拉塞巴斯蒂安娜

观光指数：★★★★★ 推荐指数：★★★★★

拉塞巴斯蒂安娜（La Sebastiana）是智利一位英雄诗人巴勃罗·聂鲁达曾经住过的地方，这里的书斋、起居室、卧室以及聂鲁达召集朋友的酒吧都是可以参观的场所，从这里观望，可以看到远处美丽的风景。

亲历者体验 FOLLOW ME

相信大多数人对于这座建筑的了解，还是源于一部名为《伊鲁波斯蒂诺》的电影，那部令人感动的电影让人们对这里充满了好奇。来到这个曾经作为那部电影的拍摄场所，便会理解《伊鲁波斯蒂诺》为何如此吸引人，不仅仅是因为这座建筑原有的魅力，更多的是它存在的意义。

资讯信息

地址： Ricardo de Ferrari, 692
电话： 032-2256606
门票： 2000智利比索
开放时间： 周一休息，周二至周日10:00～14:30，15:30～18:00

拉马特里斯教堂

观光指数：★★★★★ 推荐指数：★★★★★

拉马特里斯教堂（Iglesia La Matriz）建于1559年，是瓦尔帕莱索市内最古老的教堂，由于教堂的年代比较久远，来这里做礼拜成了当地居民的一种习惯。教堂的周边风景美丽，狭窄的斜板路寂静幽深，走在这里，仿佛能感觉到时光在你眼前慢慢的流逝。

资讯信息

地址： Calle Sto Domingo 105, Detras Iglesia la Matriz, Valparaiso

亲历者体验 FOLLOW ME

心情烦闷的时候，可以来这里走一走周边安静得几乎能听到自己的呼吸声，让你能够清醒的面对一些凡尘琐事，这是在去过的很多地方都没有的珍贵的感觉。

专题：谜一样的复活节岛

复活节岛是南太平洋中的一个岛屿，当地的语言称拉帕努伊岛，位于智利以西外海3000千米以外。复活节岛是世界上最与世隔绝的岛屿之一，它由三座火山组成，以数百尊充满神秘的巨型石像闻名于世。这些石像的作用和意义，至今也未能得到合理的解释。

复活节岛本是一个仅有土著民居住的与世隔绝的孤岛，1722年，荷兰著名海军上将雅各布·罗格文率领一支舰队在费尔南德和戴维斯曾经到过的海域寻找“南方大陆”，无意中发现了这座海图上未标明的岛屿。由于当日恰好是复活节，罗格文便将这个岛屿命名为“复活节岛”。

复活节岛赖以成名的是那些神秘的巨大雕像，它们多半成组地矗立在石砌平台上，面向大海，每组数目不等，岛上共有300多个石基平台，平台高出地面3米多，中央朝向内陆的一面有石头铺成的斜坡，其中最大的石基上并列着15座雕像。岛上大约有900多尊巨石像，小的约有1米高，大的可达20米。岛上的一部分地区被列为拉帕努伊国家公园，并于1995年被联合国教科文组织列为世界遗产。

这些石像制作比较粗糙，均为中、小型，和人的身高差不多，还有一些石像头部很大，正面是

长方形，下颌突出，鼻梁略凹，两臂曲放在腹部或者自然下垂，额和头顶平坦，上面安放一个当地人称之为“普卡”的圆柱形头冠。石像的面部表情十分生动，有的庄严肃穆，有的怒火冲天，有的仰望苍穹、沉思默想，有的一脸阴沉，令人不寒而栗。

石像的身上刻着飞鸟鸣禽的花纹，很像纹身，当地人称石像为“摩阿仪”。在岛上的采石场中，还残留着许多没有雕刻完的石像，最大的一尊高约20米，背部尚未从岩石上切割下来。原因据说是由于当时发生动乱或自然灾害，采石场里的工作突然停止，人们纷纷扔下手里的活四处逃离。

复活节岛上存在着太多的疑问，这么多的石像来自何处？它们是什么人、什么时候制作的？它们有什么意义？他们当时是如何运输这些雕像，又是如何把重达几吨的石冠放在石像头上的？诸如此类问题困扰着众多的游客和学者。

近年来有学者得到了一些答案，有人认为平台和石像都具有宗教性质，平台是祭祀用的祭坛，后来才在上面竖立起石像，石像代表那些死后被神话的酋长等重要人物。目前，关于雕像年代及岛上居民种族起源等问题，也存在很大分岐，对石像和头冠为何采用不同的石料，而不在同一块岩石上雕刻，也有不同的解释。这些问题都有待于进一步解决。

瓦尔帕莱索旅游资讯

自助游必须掌握的交通

火车

瓦尔帕莱索的交通方式不是很多，不过还是可以从比尼亚市内乘火车来到这里。从比尼亚到这里的火车可在比尼亚德尔马站或是米拉尔站乘坐，然后在总站港口站下车后再乘汽车到达市区。

汽车

在圣地哥亚有直达瓦尔帕莱索的汽车，途经比尼亚，然后就可以到达瓦尔帕莱索，全程大概需要2小时左右，票价约为2500智利比索。

驴友力荐的住宿地

瓦尔帕莱索的住宿地很多，基本分为酒店和旅舍两种，酒店的条件有高档、中档以及经济型区分，一般来说，在酒店住宿一晚消耗的费用为50～300智利比索。旅舍的住宿条件相比酒店要逊色一些，价格也比酒店略微便宜，一般在旅舍住宿一晚的费用为20～100智利比索。

酒店推荐

住宿地 Fauna Hotel

Fauna Hotel位于一栋生态建筑里，环境很安静。酒店提供带免费无线网络连接和早餐的客房。

地址： Pasaje Dimalow 166, Cerro Alegre, 2340000 Valparaiso

住宿地 Sutherland House

Sutherland House是一家精品酒店，它提供享有城市全景和泛光灯照明的客房，还提供免费无线网络连接，所有客房均设有液晶有线电视、电话和带吹风机的私人浴室。

地址： Avenida Alemania 4966, 2340000 Valparaiso

住宿地 Alto Mirador Hotel Boutique

酒店提供享有海湾景色的客房，这里可以俯瞰美丽的海滩，客房内设有免费无线网络连接和有线平面电视，部分客房还设有水疗按摩池，并铺设了镶木地板。

地址： Av. Alemania 5627, 2380453 Valparaiso

住宿地 Da Vinci

这家酒店明亮的室内设计融合了意大利和智利的风格元素，让人看着非常舒心。酒店客房都配备了有线电视和私人浴室，部分客房还设有阳台。

地址： Urriola, 426/428, 0002340 Valparaiso

旅舍推荐

住宿地 La Mano de Monja

这家旅舍的房间现代而且简单，每个房间都带有一个私人或共享浴室，客人可以在这里欣赏到美丽的海景，还可以享受免费的地中海早餐和意大利美食。

地址： Manuel Serey 165, 3220000 Valparaiso

住宿地 Casa Volante Hostal

这里的房间明亮宽敞，拥有共享浴室和有线电视，还有24小时的前台服务。这里可以为客人们提供早餐原料，客人可以在厨房中做自己喜欢的早餐。

地址： Pasaje Fischer 27, Cerro Concepcion, 2370654 Valparaiso

住宿地 Hostal Tricontinental

Hostal Tricontinental酒店提供设备齐全的公用厨房和免费无线网络连接，地理位置优越，距离公交车站仅有500米，酒店的客房配备了有线电视、办公桌和休息区。

地址： Buenos Aires 643, 2340234 Valparaiso

饕餮一族新发现

在瓦尔帕莱索，你能见到很多美食餐馆和咖啡厅，在这里，你可以在环境优美的餐厅一边欣赏美丽的景色，一边品尝当地美食。这里的美食类型很多，不过最令人感兴趣的要数这边新鲜可口的海鲜，由于是港口城市，品尝海鲜则是游客来到这里的一大爱好。

瓦尔帕莱索餐馆推荐

美食地 Cafe Turri

这家咖啡馆的位置比较特别，它位于康塞普西翁升降机的上方，从这里可以看到远处海港的美丽景色。咖啡厅的美酒是这里的一大特色，还有美味的海鲜大餐不可错过。

地址： Valparaiso, Valparaiso Region
营业时间： 周一至周六9:00～23:00，周日12:00～23:00

美食地 Pestos Italian Restaurant & Pizzeria

这家餐厅是一家以意大利美食为主的餐厅，店中提供了各式各样意大利的风味美食，还有花样百出的比萨饼，吸引了无数的当地人和游客前来品尝。

地址： 3123 Calumet Avenue,Valparaiso
电话： 032-4620993

美食地 Billy Jack's Cafe and Grill

这是一家集烧烤与咖啡为一体的风味餐馆，外形看上去虽然简单，里面却有着让人惊叹不已的美味。在这家餐厅，你可以一边吃着烧烤一边喝着咖啡，好不惬意。

地址： 2904 Calumet,Valparaiso
电话： 032-4773797

美食地 La Colombina

这是一家建立在斜坡上的咖啡馆，这里有很多的风味咖啡，卡布其诺便是其中之一，此外，在这里你还能品尝到美味可口的海鲜，价格合理，适合各种消费人群。

地址： Pasaj Apollo 77,Valparaiso

美食地 Za Za Ristorante

这是一家以酒、沙拉、主餐、附餐、饮料以及甜点等为主的餐厅，用餐风格比较正规，是一家比较正统的餐厅。

地址： 3534 Calumet Street，Valparaiso

其他美食地推荐

名称	地址	电话	网址
Cerro Concepcion	Papudo 541, Valparaiso	032-2498192	www.restaurantlaconcepcion.cl
Restaurant O'Higgins	Retamo 517, Valparaiso 2340000, Valparaiso	032-2256115	www.restaurantohiggins.cl
Pasta E Vino	Calle Templeman 352, Valparaiso	032-2496187	www.pastaevinoristorante.cl
Cafe Vinilo	Calle Almte Montt 448, Valparaiso	032-2230665	www.cafevinilo.cl
Portofino Restaurant	Calle Bellamar 301, Valparaiso	032-2629939	www.portofino.cl
La Playa	Valparaiso, Valparaiso Region	032-2594262	www.labuenavida.cl

淘宝达人爱去的街店

瓦尔帕莱索是一个艺术之都，在这个迷人的城市有着各式各样的购物地。这里有趣的购物场所居多，很多都集中在沿海或是市中心。在瓦尔帕莱索购物，你会有种不知道买什么的疑惑，因为这里的商品太多，让人有些眼花缭乱，或许，你可以买一件很有纪念意义的小礼品，留下一段你在这里的回忆。

购物地推荐

购物地 Todo Shopping

Todo Shopping是很多女性特别喜欢的购物地，这里的食品和生活用品都很齐全，衣服、鞋子等都很时尚，而且在这里经常会有定期的家庭活动，有时会遇到大减价，因此吸引了很多的消费者。

地址： Av Argentina 363, Valparaiso

购物地 Orlabbe Shopping

Orlabbe Shopping是一个大型的购物地，在这里，你几乎可以找到任何一件跟生活息息相关的商品，种类繁多，选择丰富，是购物的最佳地带之一。

地址： Obispo Francisco Valdes Subercaseaux, Valparaiso

电话： 032-2490289

网址： www.orlabbeshopping.com

购物地 Cencosud Shopping Centers

Cencosud Shopping Centers是瓦尔帕莱索大型购物中心之一，这里的物品种类齐全，从一件小装饰品到大型的家用电器应有尽有，而且地理位置优越，为人们购物带来了极大的方便。

地址： Calle Argentina, Valparaiso
电话： 032-2574700

购物地 Vina Shopping

Vina Shopping是瓦尔帕莱索的一站式购物商场，这里的物品种类多，而且位置靠近海边，风景非常美，因此它吸引了很多外来的游客，在这里购物，你不仅能找到自己喜欢的商品，还能趁着闲暇之余看看海港景色，保证让你流连忘返。

地址： Vina del Mar, Valparaiso Region
网址： www.espaciourbano.cl

其他购物地推荐

名称	地址	电话
Rep Calzado Shopping	Av Valparaiso 429, 5, Valparaiso	032-2712519
Cencosud Shopping Centers	Calle Freire Belloto, Vina del Mar, Valparaiso	032-2999700
Comercial Truyol Vargas Ltda	Diego Portales 822, Quilpue, Valparaiso	032-2388157
Reloj de flores	Calle Los Banos 70, Caleta Abarca, Vina del Mar 2580099, Quinta Region de Valparaiso	032-2967243
Mall Marina Arauco	14 Norte 821, Vina del Mar, Valparaiso	032-2161203

消夜族恋恋不舍的地方

瓦尔帕莱索的娱乐场所很多，而且都非常具有特色，尤其是靠近海边的地方，每到夜间的时候，五光十色的霓虹灯照射在水面，与正在荡漾的水波形成一幅美丽的画面。这时也是消夜族们开始活动的时候了，各种各样的俱乐部、酒吧以及大型的娱乐中心都开始营业，音乐声、舞曲声在这个魅力之城久久环绕，为原本宁静的夜晚增添了一些热闹气息。

娱乐场所推荐

名称	地址	电话	网址
Hostal Valparaiso	Pedro Montt 2056, Valparaiso, Quinta Region de Valparaiso	032-2211635	www.hostalvalpo.cl
Museum of Archaeology and History Francisco Fonck	Vina del Mar, Valparaiso Region	032-2686753	www.museofonck.cl
Cabanas Ayen Maitencillo	Av. del Mar #4336, Maitencillo – Maitencillo, 2500000, Quinta Region de Valparaiso	032-2771823	www.cabanasayen.cl
Gisela & Carlos House	Las Mercedes 203, Vina del Mar 2580494, Quinta Region de Valparaiso	032-2477571	www.giselaandcarloshouse.com
La Piedra Feliz	Err á zuriz 1054, Valparaiso	032-2256788	

酒吧推荐

名称	地址	电话	网址
Bar el Irlandes	Valparaiso, Valparaiso Region	032-2543592	www.barelirlandes.blogspot.com
Bellas Artes Restobar	Esmeralda 1103, Valparaiso 2361926, Quinta Region de Valparaiso	032-2596725	www.bellasartesbar.cl
Verde Absenta Bar	Salvador Donoso 1490, Valparaiso, Quinta Region de Valparaiso	032-2797690	www.verdeabsenta.cl
Indigo Bar	Urriola 464, Valparaiso, Quinta Region de Valparaiso	032-3205911	www.indigobar.cl
Cafe Moscu–Bar Ruso	Cochrane 864, Valparaiso	032-2591922	www.facebook.com

Part3 伊基克旅游圈

伊基克位于智利北部，是塔拉帕卡(Tarapaca）大区的首府，也是智利重要的港口城市，西临太平洋，东靠阿卡塔马沙漠。伊基克市本身就是一个旅游城市，拥有独特的沙漠与海洋结合的完美气候条件，充裕的阳光、细腻的沙滩、舒适的住宿、多样的娱乐场所以及多种极限运动等。每年假期都有成千上万的国内外旅游者云集这里，享受蓝天白云和阳光。

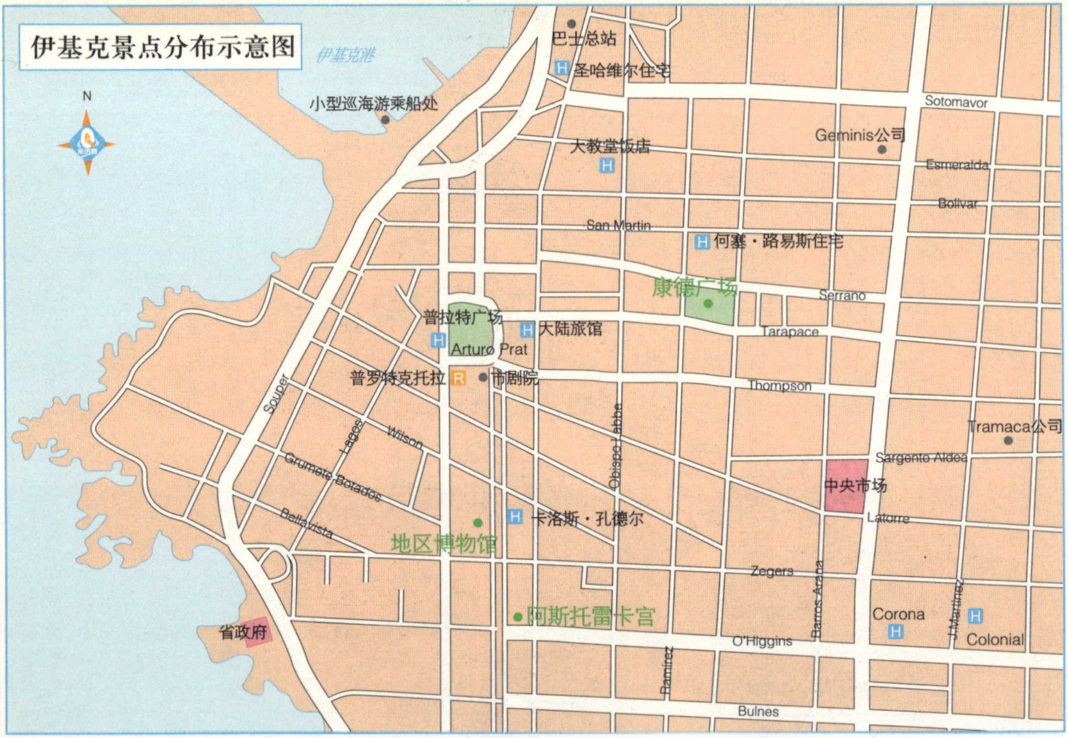
伊基克景点分布示意图
伊基克港
N
巴士总站
圣哈维尔住宅
小型巡海游乘船处
Sotomavor
Geminis公司
大教堂饭店
Esmeralda
Bolivar
San Martin
何塞·路易斯住宅
康德广场
Serrano
普拉特广场
大陆旅馆
Tarapace
Arturo Prat
普罗特克托拉
市剧院
Thompson
Souper
Lages
Wilson
Obispo Labbe
Tramaca公司
Sargento Aldea
中央市场
Grumete Bolados
Bellavista
卡洛斯·孔德尔
Latorre
地区博物馆
Zegers
Barros Arana
Corona
J.Martinez
阿斯托雷卡宫
Colonial
省政府
O'Higgins
Ramirez
Bulnes

●伊基克港

伊基克景点

阿斯托雷卡宫

观光指数：★★★★★　　推荐指数：★★★★★

阿斯托雷卡宫（Palacio Astoreca）建造于1904年，原来是智利实业家阿斯托雷卡的宅邸，现在被改建成一座博物馆。在这里有很多收藏，如一些古典的家具以及一些种类不同的贝类等。这里有考古学的展示，在这里参观，你不仅可以看到别致的收藏品，还能通过它们了解一些阿斯托雷卡宫以前发生过的事。

资讯信息

地址： Bernardo Ohiggins
电话： 205-425600
门票： 400智利比索
开放时间： 10:00～13:00，16:00～19:30

亲历者体验 FOLLOW ME

在阿斯托雷卡宫，最让人兴奋的事就是欣赏这里多达2000种的贝类。精致的外形，完美的雕刻，不是特别显眼，却意义非凡。

地区博物馆

观光指数：★★★★★　　推荐指数：★★★★★

地区博物馆（Museo Regional）是一座非常古老的建筑，它再现了这个地区原住居民埃马拉人的生活全景。在博物馆的展示室中陈列着埃马拉人曾经使用过的工具，还有一些海洋生物以及有关伊基克历史的文献等，这些都是考古学方面的珍品。

资讯信息

地址： Baquedano 951
电话： 205-411034
门票： 1000智利比索
开放时间： 9:30～13:00，15:00～18:50，周一休息

亲历者体验 FOLLOW ME

这个博物馆很有趣，很喜欢里面展现的埃马拉人生活全景，真的是活灵活现，站在这里仿佛自己此刻就化身为他们其中的一员。

Cavancha海滩

观光指数：★★★★　　推荐指数：★★★★

Cavancha海滩是智利最美的海滩之一，也是伊基克市最繁忙的地区之一。这里有温暖的海水、白色的沙滩，且四季如春，让很多人留连忘返。周围有棕榈树环绕，还有公园和水族馆置于其中。很多人在这里进行冲浪、帆板、帆船、滑水等运动。

资讯信息

地址： Iquique, Tarapaca

亲历者体验 FOLLOW ME

这是一个神奇的地方，眼前是无边无际的南太平洋，身后却是茫茫的阿塔卡马沙漠。这种情景不禁让人想起了一部电影的名字《一半海水一半火焰》，只是那一半不是火焰，却是一片沙漠。或许，正是这种与众不同的地理条件，才造就了伊基克的四季如春。而港口的繁忙和水上运动爱好者的快乐身影相映相衬，让人感受到这世界是多么的美好。四季繁茂的棕榈树在美丽的夕阳下留下了一个剪影，随风舞动。

伊基克港

观光指数：★★★★　　推荐指数：★★★★

如果想领略伊基克这个沿海城市的风情，来伊基克港（Puerto de Iquique）是最佳选择。这里附近依然保留着港口城市的风情，沿着海边走，海上的风光可以尽收眼底。在这里，经常可以看到很多的船只，它们散乱的漂浮在海上，为那广阔的海域增添了别样的风情。

资讯信息

地址： Avenida Arturo Prat, Tarapaca

亲历者体验 FOLLOW ME

趁着落日的余晖，观望着一望无际的海面，看着远处无数的船只披着落霞而来，犹如一幅美妙的画面，让我感叹自己不是一个画家，不能将这美景留在自己的画布上。

索弗里

观光指数：★★★★　　推荐指数：★★★★

索弗里（Zona Franca de Iquique）是伊基克南部的一个购物区，也是人们感受这个城市繁华的上好地带。这里集中了400多家店铺、化妆品、电器和其他器材等，这里免税的商品占据大部分，因此吸引了无数的购物人群。索弗里还是非常重要的商业区，周边的建筑非常具有国际风范，如果你有足够的时间，不妨来这里参观！

资讯信息

地址： Calle Edificio Ticnamar 1503, Iquique, Tarapaca

开放时间： 周一至周五10:00～13:30，16:30～21:00，周六10:00～14:00，17:00～21:00

亲历者体验 FOLLOW ME

虽然没有特色的建筑群，没有鲜艳的自然景观，但是它作为商业区，拥有着独特的魅力。玩累的时候，这里还有很多的咖啡厅供人选择，价格比一般的地方便宜。

马米尼亚温泉

观光指数：★★★★　　推荐指数：★★★★

马米尼亚温泉（Termas de Mamina）位于伊基克的东部，这里的温泉水量丰富，而且也很热，除了可以让肌肤变得滑爽外，这泉水还可以治疗眼病等。温泉附近的城中还有一个泥浴场，在那里进行泥浴也是一件非常有趣的事。

资讯信息

地址： Calle Vivar 493, Of 4 C, Iquique, Tarapaca

电话： 57-419893

网址： www.termasdemamina.cl

亲历者体验 FOLLOW ME

在马米尼亚泡温泉是一件非常享受的事，浸泡在湿润的泉水中，感受着太阳的温暖，这应该是无比惬意的一件事吧！

●伊基克市政厅

AÑO
1911

伊基克旅游资讯

自助游必须掌握的交通

航空

伊基克的Cavancha Airport（IQQ）机场，每天都有来往于智利首都圣地亚哥的飞机，也有一些国际航班经停这里。从圣地亚哥飞往伊基克有4班直达的航班，还有5班需要中转的航班，中转城市为安托法加斯塔。

前往市区交通：从机场到市区可以乘出租车前往，需要的费用大概为2247智利比索。

长途汽车

前往伊基克的长途汽车很多，在智利的中部城市圣地亚哥、安托法加斯塔、卡拉马等地都有长途汽车来往于这里。

长途车情况	
始发城市	概况
圣地亚哥	从圣地亚哥到伊基克的长途汽车所需时间约24小时，费用约16476智利比索
卡拉马	从卡拉马也有来往于伊基克的汽车，所需时间约7小时30分钟，费用为2496～4493智利比索
阿里卡	阿里卡到伊基克的汽车大概每30分钟就有一班，行程大约为4小时30分钟，费用大约2496智利比索

驴友力荐的住宿地

伊基克的住宿地大都集中在市中心，这里的高级酒店和廉价旅馆等一应俱全，选择性比较多。而远离市中心的地区选择性比较少，如沿着巴开达诺路向南到沿海附近的地方，虽然也有一些可选择的旅馆和酒店，但地理位置不太方便，不适合游客居住，所以在选择住宿地时，最好选择一些靠近市中心地区的酒店或是旅馆。

中高档住宿

住宿地 雷迪森伊基克酒店

这家酒店位于美丽的海滨区，提供海景游泳池和免费无线网络，酒店的客房还提供沏茶以及冲咖啡的设备，还设有保险箱、迷你吧以及有线电视。

地址： Arturo Prat Chacon 3939, Iquique 1111500, Tarapaca
电话： 057-381188
网址： www.viajeros.com

住宿地 Hostal Casa del Profesor

这个酒店最大的特色便是它拥有一个郁郁葱葱的花园，平日，游客可以在花园散散步，别有一番情调。酒店的客房可以望见远处的海滩，自然浓郁气息。

地址： Amunategui 2075, Iquique, Primera Region de Tarapaca
电话： 057-320223
网址： www.hosteliquique.cl

住宿地 Hotel Sunfish

这家酒店有着非常时尚的装置，不论是酒店的外观还是酒店里的家具都紧跟着时代的潮流。酒店的客房宽敞明亮，有私人浴室，部分房间提供免费wifi和有线电视。此外，酒店每天都会提供早餐。

地址： Amunategui 1990, Iquique 1990, Tarapaca
电话： 057-419000
网址： www.Sunfish.cl

住宿地 Hotel Carlos Condell

这家酒店面对着巴开达诺街，是一座殖民地式样的建筑。共分为三层，每一层都经过重新改装，面对着道路的客房还设有露台，几乎每一间客房内都有浴室、冰箱和电视等，住在这里非常舒适。

地址： Baquedano 964, Tarapaca
电话： 057-313028

经济住宿

住宿地 Hostal Beach

Hostal Beach是一个拥有着安静环境的住宿地，这里的客房为住宿者提供了私人浴室，还为住宿者提供免费wifi上网和欧式的早餐。

地址： Vivar 1707, Iquique 1101736, Tarapaca
电话： 057-429653

住宿地 Hostal Contiental

Hostal Contiental位于普拉特广场附近，是一家小型的旅馆。在旅馆的客房内，设有电视、浴室兼卫生间等设施，既方便价钱又合适，是旅行者的良好选择。

地址： Patricio Lynch 679，Tarapaca
电话： 057-429145

住宿地 Backpacker's Hostel Iquique

这家旅馆面对海滩，拥有非常美丽的海景，这里的客房几乎都能看到美丽的海上风光。旅馆设有设备齐全的公用厨房、带电视和DVD的客厅和游戏室，还提供免费无线网络连接。客人可以在露台上放松身心，欣赏海景。

地址： Amunategui 2075, Iquique, Primera Region de Tarapaca
电话： 057-320223
网址： www.hosteliquique.cl

饕餮一族新发现

伊基克的美食主要集中在普拉特广场周边以及中央广场周边，在这些地方，几乎走任何一条街道上都能品尝到这里的特色美食。普拉特广场周边的高级餐馆比较多，主要以一些国际菜肴为主。而中央广场周边是普通餐厅的聚集地，都智利的地方特色美食和当地的一些土特产。

美食地推荐

美食地 Protectora

Protectora是一座比较古老的建筑，这里是伊基克一个非常高档的消费场所，餐厅的特色菜很多，最令人赞不绝口的是里面的鱼类菜肴。

地址： Peato Thompson 207, P 2, Iquique, Tarapaca
电话： 057-429862

美食地 Dona Filomena

Dona Filomena是一家非常地道的披萨饼店，店里的比萨饼种类很多，味道各异，适合于各种不同口味的人。

地址： 8340422 - Filomena Valenuela #298, Iquique 1110340, Primera Region de Tarapaca
电话： 057-311235
营业时间： www.donafilomena.cl

美食地 Dulce Deleite

Dulce Deleite是伊基克一家很有特色的蛋糕店，人们可以要求蛋糕师为自己设计一个属于的蛋糕，在这家蛋糕店里还设有一个茶室，在品尝甜点的同时还可以来这里喝茶。

地址： Juan Martinez 2060, Iquique 1101957, Primera Region de Tarapaca
电话： 057-215390
营业时间： 周一至周六9:00～22:00，周日休息

美食地 Restaurant Arriero de Cavancha

这是一家很有地方风味的餐厅，在这里，你可以品尝到属于伊基克的地方风味美食，店里的菜品很多，肉类、蔬菜类、水果类数不胜数。

地址： Av Filomena Valenzuela 270, Iquique, Tarapaca
电话： 57-431508

淘宝达人爱去的街店

在伊基克，购物地点并不是很多，只有少数的购物店分布在伊基克周边。这里的购物地没有首都城市及一些大城市繁华，种类却是很丰富，很多的购物地都是大小商品聚集。

伊基克购物地推荐

购物地 Mall ZOFRI

Mall ZOFRI是伊基克一个著名的品牌购物商城，在这里，你能看到Canon、CK、NIKE、Bosch以及LG等众多的品牌。

地址： Iquique, Tarapaca Region
电话： 57-515100
网址： www.zofri.com

购物地 Importadora Matrix Ltda

这是伊基克有名的一家百货商城，商品类型多、范围广，有服装、鞋子和家具，还有雕塑、陶瓷和木材，甚至还有建造房屋的钢铁器材。

地址： Santa Marta - Manzana 15 , galpon 8 BIquique 1100000, Primera Region de Tarapaca
电话： 57-391154
网址： www.chileagenda.com

消夜族恋恋不舍的地方

伊基克的白天也许不是那么热闹，但晚上却是体现这个城市繁华的最好时段。每到夜间，这里街道、酒店、娱乐中心的灯光都渐渐亮起，让人对这里的盛况一目了然。在平静的夜晚，不如踏进伊基克最热闹的地方，感受属于这个城市的热情。

娱乐场所推荐

名称	地址	电话	网址
RQ Condell	Thompson 587, Iquique 1100000, Tarapaca	57-391460	www.rq.cl
Holiday Inn Express Iquique	Arturo Prat Chacon 1690, Iquique 0000000, Tarapaca	57-2433300	www.ihg.com
Automovil Club de Chile	Arturo Prat Chacon 3052, Iquique, Tarapaca	57-546529	www.automovilclub.cl
La Casona 1920	Barros Arana 1585, Iquique 1100000, Tarapaca	57-413000	www.casonahostel.com
Cinemark Chile	Calle Heroes de la Concepcion 2555, Iquique, Tarapaca	57-361030	www.cinemark.cl

酒吧推荐

名称	地址	电话	网址
RQ Condell	Thompson 587, Iquique 1100000, Tarapaca	57-391460	www.rq.cl
Holiday Inn Express Iquique	Arturo Prat Chacon 1690, Iquique 0000000, Tarapaca	57-2433300	www.ihg.com
Automovil Club de Chile	Arturo Prat Chacon 3052, Iquique, Tarapaca	57-546529	www.automovilclub.cl
La Casona 1920	Barros Arana 1585, Iquique 1100000, Tarapaca	57-413000	www.casonahostel.com
Hena Sandwich Bar	Cespedes y Gonzalez 717, Iquique 1100000, Tarapaca	57-414581	

Part4 圣佩德罗·得阿塔卡马旅游圈 219-225

圣佩德罗·得阿塔卡马位于智利的北部，是一座非常古老的城市。这座城市不仅有历史久远的博物馆以及古迹遗址，还有世界上第二大温泉。在这里，你能享受到壮阔的自然美景以及平时看不到的自然奇观，它像是一个色彩斑斓的万花筒，带领我们走进一个不一样的世界。

圣佩德罗·得阿塔卡马景点

考古学博物馆

观光指数：★★★★　　推荐指数：★★★★★

考古学博物馆（Museo Arqueologico）收藏有众多从圣佩德罗周边挖掘出的历史文物，如今它已经成为了历史和考古学研究的中心。博物馆内的藏品年代久远，有些可以追溯到石器时代。在博物馆里还收藏了几具阿塔卡马人的木乃伊，它们保存完好，是博物馆中的重要文物。

资讯信息

门票： 1500智利比索

开放时间： 周一至周五9:00～12:00，14:00～18:00，周六、周日10:00～12:00，14:00～18:00

亲历者体验 FOLLOW ME

一直想亲眼目睹一下深藏在金字塔里的木乃伊，这次在圣佩德罗·得阿塔卡马的考古学博物馆竟然实现了这个心愿。保存完好的木乃伊就放在这座博物馆里，中央那具名为“智利小姐”的木乃伊最引人注意，安静地坐在那里的样子，像是在思考什么，让人对她无比好奇。

普卡拉遗址

观光指数：★★★　　推荐指数：★★★★

普卡拉遗址（Al Pulara de Quitor）是1200年左右时的印加时代遗址，在斜坡上当时的人们利用石头堆砌而成的住宅，因而这里也被称为马丘比丘的缩小版。登上遗址的山顶，可以看到远处美丽的景色，在旁边的一座山上还有一个瞭望台，从这里看远处的景色更直观、更全面。

资讯信息

地址： San Pedro de Atacama, Antofagasta Region

电话： 55-851019

门票： 免费

开放时间： 全天

亲历者体验 FOLLOW ME

这个小型的马丘比丘非常漂亮，斜坡上类似是建筑的房屋遗址一层层的分布着，像一些地区层次分明的农田。登上旁边的小山，这个遗址以及它周边的景色都一览无余。

月之谷

观光指数：★★★★　　推荐指数：★★★★★

听到月之谷（Valle de la Luna）这个名字，千万不要以为这里是一个山清水秀的地方，“月之谷”这个名字的由来是因为这个自然形成的地形与月球的表面沙漠地带非常相似。这里没有茂密的丛林，没有清澈的湖水，有的只是一片像是被岩石侵蚀过后的凹凸地形，虽然缺少了山清水秀的风光，但却有一种别样的魅力。

资讯信息

地址： San Pedro de A tacama

圣卢卡斯教堂

观光指数：★★★　　推荐指数：★★★★

圣卢卡斯教堂（Lglesia de San Lucas）是一栋雪白色的建筑，位于托科瑙印第安村落中，这座建筑有着非常美丽的外形，吸引了无数的游客前来观光。在教堂的附近有几家出售民间艺术品的商店，那里也是游客参观的好地方。

资讯信息

地址： San Pedro de A tacama

电话： 02-5222484

阿塔卡马盐沼

观光指数：★★★　　推荐指数：★★★★

阿塔卡马盐沼（Salar de Atacama）在圣佩德罗的南面，是一座全是岩盐的湖沼。阿塔卡马盐沼是全球第二大盐沼它与玻利维亚的乌尤尼盐沼不同，这个盐沼的形成是因为安第斯山脉的降雨流经地下，在此过程中溶解了大量氯化钠、碳酸盐和硫酸盐，因此它不像雪白的乌尤尼盐沼，而像是被薄雪覆盖的茶色大地。

资讯信息

地址：San Pedro de Atacama
门票：免费
开放时间：全天

亲历者体验 FOLLOW ME

很喜欢阿塔卡马盐沼，干净、漂亮，像是一片被雨水洗净的蓝色天空，澄净得似乎能够净化人们的心灵。

塔蒂奥间歇泉群

观光指数：★★★　　推荐指数：★★★★

塔蒂奥间歇泉群（Los Geisers del Tatio）是世界上海拔最高的间歇泉，它与月之谷并列在一起，成为圣佩德罗最具吸引力的景观。在这里，你能看到无数的间歇泉在沙漠大地上吐着白烟，就好像是从沙漠地下燃起的烟火，景象非常的壮观。

资讯信息

地址：San Pedro de Atacama
电话：55-851019
门票：免费
开放时间：全天

亲历者体验 FOLLOW ME

早晨在附近的咖啡厅喝着咖啡，等待着朝阳来临的那一刻，却看到了意想不到的景观。随着天色渐渐变亮，周围到处都是白色的水蒸气，越来越漂亮。

圣佩德罗·得阿塔卡马旅游资讯

自助游必须掌握的交通

前往圣佩德罗·得阿塔卡马的交通很少，只有乘汽车可以到达。在圣佩德罗·得阿塔公司卡马只有弗龙特拉（Frontera）和阿塔卡马（Atacama）两家有汽车定期运行。Frontera的汽车发车时间为每日8:00～20:30，Atacama的汽车发车时间为每日8:00～18:00，所需的时间为2小时，票价约为1200智利比索。

前往市区交通：圣佩德罗没有汽车总站，汽车也只在各汽车公司前停车，从这里到市区并不是很远，可乘出租车前往。

驴友力荐的住宿地

圣佩德罗·得阿塔卡马地方虽小，却也有一些大大小小的住宿地。这里的住宿地都比较安静，一般都带有公共浴室或卫生间。这里的旅馆都有用电时间，不同的旅馆有不同的用电时间，但总体都在19:30～23:00。

住宿地推荐

住宿地 Hotel Poblado Kimal

这家酒店位于圣佩德罗·德阿塔卡马的历史中心，是一个环境非常优美的住宿地。酒店设有一个带游泳池的花园和一间餐厅，客房内提供了免费的无线网络连接和私人露台。此外，酒店还有一个以天然材料建成的生态小屋，为客人营造了一个非常美丽的大自然环境。

地址： Domingo Atienza, Antofagasta
电话： www.poblado.kimal.cl

住宿地 **Residencial Casa Corvatsh**

这家酒店的住宿环境非常干净，阳光的照射性好，房间里很暖和。客房提供相对齐全的设施，并提24小时热水的淋浴设施。

地址： Gustavo Le Paige 178, San Pedro de Atacama
电话： 55-851101

住宿地 **Hostal Lickana**

这家旅馆拥有1间起居室和1个花园，给客人营造了一个非常舒适的住宿环境。旅店有免费停车场和餐厅，客房内有带热水的私人浴室设施，而且提供免费的无线网络连接。

地址： San Pedro de Atacama, Antofagasta

饕餮一族新发现

圣佩德罗·得阿塔卡马的餐馆虽然不多，但却很有档次，不管是大型的餐馆还是小型的餐厅，里面的气氛都非常好，很多的餐厅还有丰富多样的套餐，并且都包含这个地区有名的特产。

餐馆推荐

美食地 **Cafe Tierra**

这是圣佩德罗·德阿塔卡马一家很有特色的咖啡厅，其环境优雅，是当地人非常喜欢的咖啡厅之一。在这里，你可以品尝到美味的三明治和各式各样的咖啡。

地址： Caracoles, San Pedro de Atacama, Antofagasta
电话： 55-851585

美食地 **La Estaka**

这家餐厅的内部装饰非常的温馨，在餐馆里设有很多席位，平时的时候这里总是坐满了人。餐厅主要以三明治、恩帕纳达斯等小吃类食物为主，除此之外也提供通心粉等食物。

地址： Tocopilla, Antofagasta
电话： 55-851201
网址： www.laestaka.cl

美食地 **Adobe**

Adobe餐厅围绕着庭园而建，风景优美，环境安逸，是这一带很受欢迎的餐厅。餐厅为顾客提供各地的菜肴，晚上，这里会升起篝火，店里的客人都喜欢围着篝火而坐，火光照在墙壁的幅画上，很有异国情调。

地址： Caracoles, San Pedro de Atacama, San Pedro de Atacama
电话： 55-851132
网址： www.cafeadobe.cl

●阿塔卡马教堂

亲历者 TRAVEL GUIDE 旅行指南 国外旅行书系

出国畅游不用愁，铁道“旅图”保无忧

多角度的亲历视角，丰富实用的旅行指南

近100位驴友的蹲点采写，“新”、“全”、“准”、“细”的游玩攻略